KLAUS BERGER

DER ZÖLIBAT

Eine theologische Neubegründung

Klaus Berger

Der Zölibat

Eine theologische Neubegründung

Be&Be-Verlag: Heiligenkreuz 2012
ISBN978-3-902694-46-1

Be&Be

www.bebeverlag.at
Direkter Vertrieb:
Klosterladen Stift Heiligenkreuz
A-2532 Heiligenkreuz im Wienerwald
Tel. +43-2258-8703-400
E-Mail: bestellung@bebeverlag.at

Foto Cover: Jerko Malinar (cross-press.net): Priesterweihe von Pater Edmund Waldstein OCist
Korrekturen: Sandra Rothland
Gestaltung: AugstenGrafik, www.augsten.at
Druck: Prime Rate Kft.

KLAUS BERGER

DER ZÖLIBAT

Eine theologische Neubegründung

Be&Be

Für Clemens Burchhardt,
Propst von Verden,
und andere Hildesheimer Priester,
deren Leben ermutigendes Zeichen war.

Inhalt

I. Zur aktuellen Debatte

Zwangszölibat?

Wie sehen andere Christen den Zölibat katholischer Weltpriester? Die Antwort auf diese Frage gibt das Juliheft 2008 des evangelischen Magazins „Chrismon“: In der ersten Spalte des zweispaltigen Artikels begegnet dreimal das Wort „Pflicht“ und dreimal das Wort „Zwang“. Die Gründe „für“, die dann genannt werden, sind rein technischer oder praktischer Art. Vor allem: Der Zölibat solle die Verfügbarkeit garantieren. Das war´s denn. Auch nur der Hauch einer theologischen Begründung kommt nicht vor. Und was sich bei den betroffenen Priestern an geistiger Bewältigung dieses Themas angesammelt hat, ist oft nicht besser. Die intelligenteren verweisen auf Gregor VII. und 1077: Priester sollten eben kein Kirchengut vererben dürfen. Also reines Besitzstreben der Kirche. Für die Mönche und Nonnen zeigt man Verständnis, denn da sei das alles freiwillig. Im Übrigen sei der Priester nur zur Ehelosigkeit, aber nicht zur Keuschheit verpflichtet; dabei kommt Keuschheit doch allerdings unter den Zehn Geboten vor. Ich halte alle diese Argumente, inklusive den Artikel in Chrismon, für schlechthin jämmerlich. Nein, so kann es nicht weitergehen!

Beginnen wir mit der Rede vom Zwangszölibat. Niemand wird gezwungen. Sondern unter den mit dem Charisma der „Jungfräulichkeit“ Begabten (im Augenblick rund 1 Million Christen!) wählt die Kirche ihre Priesterkandidaten aus. Da steht die Gabe, das Charisma, am Anfang, und dieses gibt Gott – oft in Verbindung auch mit anderen Charismen. Siehe Paulus nach 1 Kor 7,7. Gott aber steht gottlob nicht unter dem Zwang, Charismen zu schenken.

Im Übrigen zeigt die Diskussion um den Zölibat einen völligen Mangel an Theologie. Als ob es die gar nicht gäbe oder nur ein Plastikspielzeug der Professoren wäre.

Charisma?

In 1 Kor 7,7 sagt Paulus: „Eigentlich hätte ich es gern, dass alle Menschen so lebten wie ich. Aber ich weiß: Jeder hat sein eigenes Charisma von Gott. Mein Charisma ist die Ehelosigkeit.“ – Charisma ist für Paulus eine außergewöhnliche Gabe, die menschlich nicht zu erklären ist. Sie ist Reklame für Gott und das Himmelreich.

Die neuere Diskussion bringt Charisma zu stark mit dem „germanischen“ Begriff von Schicksal zusammen. Doch das Charisma im Sinne des Paulus ist anders. Man kann es (jeweils für sich oder für andere) erbitten, erbeten, ersehnen, erjagen (1 Kor 12,31: „Kämpft darum, dass ihr die besten Gaben bekommt!“), aber auch verkommen lassen.

Nach Mt 19,11-12 ist es sogar schon eine Gabe des Himmels, wenn man geistliche Ehelosigkeit überhaupt verstehen und „fassen“ kann.

II. Der Zölibat Jesu

Jesus als Bräutigam

Der Blick auf Jesus ist allemal lohnend. Da gilt zunächst: Jesus predigt nicht Angst, sondern eröffnet Spielräume. Vor allem aber gilt: Die Predigt vom Gericht ist keineswegs alles, was Jesus zu dieser Sache zu sagen hat. Die Wiederkunft Jesu Christi wird nicht zuerst durch den Gerichtsgedanken bestimmt, sondern in erster Linie durch den Gedanken an ein großes Hochzeitsfest; dass einer, der geladen ist, sich nicht um ein hochzeitliches Gewand kümmert, erscheint da eher als Ausnahmefall. Quer durch das Neue Testament ist immer wieder dieser originelle Ansatz Jesu belegt: Jesus ist der Bräutigam. Die Braut ist das neue, das erneuerte Israel. Vor allem wird von hier aus verständlich, warum Jesus selbst ehelos gelebt hat.

Er ist der Bräutigam, der um seine Braut, das erneuerte Israel, wirbt. Seine Wiederkunft ist der Termin der Hochzeit.

Diese bildliche Rede von Jesus als Bräutigam wurde in der Verkündigung der Neuzeit stark vernachlässigt, von der Theologie ganz zu schweigen. Aber in diesem Bild von Bräutigam und Braut wird das ältere, tief in der Heiligen Schrift des Alten Testaments verankerte Bild von der Ehe zwischen Gott und Israel wieder aufgenommen. Denn Gott ist nicht verheiratet, seine Partnerin ist das Volk Israel. Immer wieder klagen die Propheten über die Zerrüttung dieser Ehe wegen der Untreue Israels. Jesus erneuert dieses Bild. Als Messias wird er das wiederhergestellte Volk nun neu ehelichen. In der Wahl und Wiedereinführung dieses Bildes ist Jesus unverhältnismäßig originell; es gibt nur einen rabbinischen Text, der dieses Motiv auch kennt. Und theologisch bedeutet dieses: Das Verhältnis zwischen dem Messias und seinem Volk ist durch einen (Ehe-)Bund bestimmt, also juristisch definierbar, und es beruht auf Liebe und Treue. Freilich ist das eine Liebe im biblischen Sinne familiärer Solidarität.

Zeichenhandlung Jesu

Ganz ähnlich wie beim Propheten Hosea (8. Jahrhundert vor Christus) wird Jesu eigener Lebensstil zur prophetischen Zeichenhandlung. Der Prophet Hosea heiratete auf Geheiß Gottes eine Dirne, um so das Verhältnis zwischen Gott und Israel darzustellen. Die Lebensweise des Propheten wird so zum direkten Ausweis seiner Botschaft. Bei Hosea ist das wirklich anstößig. Aber diese Zeichenhandlung ist so aufregend, so originell, dass sie bis heute, nach fast dreitausend Jahren, noch jeder Bibelkundige kennt. Für Hosea wie für Jesus gilt: Sage mir, wie du Ehe lebst oder nicht lebst, und ich sage dir, was deine Botschaft ist. Der Zölibat Jesu ist daher ein elementarer und wichtiger Teil seiner Botschaft. Jeden Tag seines Lebens macht Jesus in seiner ehelosen Einsamkeit zum Zeichen für das, auf das er wartet.

Damit gewinnt die Metaphorik von Braut und Hochzeit eben nicht nur ästhetisch-illustrativen Charakter, sondern eine sehr reale Bedeutung. Jesus lebt diese Metaphorik aus – ganz ähnlich wie christliche Eheleute in ihrer Treue und im Verzicht auf Ehescheidung die Treue Gottes zu seinem Volk unmittelbar real abbilden.

Es lohnt sich, nach weiteren Zeichenhandlungen im Leben Jesu Ausschau zu halten. Man kommt dann darauf, dass Jesu Verkündigung wesentlich in derartigen Aktionen bestanden hat. Dazu gehört die Fußwaschung genauso wie die an deren Stelle bei den Synoptikern und bei Paulus stehende Darreichung von Brot und Wein als Leib Christi. Das ist nicht ein leeres Symbol für „Hingabe“, sondern gefülltes und damit reales Symbol.

Die Endzeit wird im Rahmen dieses Bildfeldes und der ihm entsprechenden Praxis zur Zeit der Vorbereitung auf die Hochzeit. Die Sakramente Taufe und Eucharistie stehen für die Reinigung durch Jesus (womit er übrigens auch ein pharisäisches Ziel erfüllt). Die Endzeit ist die Zeit eines besonderen erwartungsvollen Liebesverhältnisses zwischen Christus und Kirche.

Es lohnt sich, nach weiteren Zeichenhandlungen im Leben Jesu Ausschau zu halten. Man kommt dann darauf, dass Jesu Verkündigung wesentlich in derartigen Aktionen bestanden hat. Dazu gehört die

Fußwaschung genauso wie „Tempelreinigung“ und Eucharistie. Auch Eucharistie ist nicht ein leeres Symbol für „Hingabe“, sondern leibhaftiges und damit reales Symbol. Da geht es nicht um irgendwelche Zeichen, wie wenn der Lehrer etwas an die Tafel malt. Nein, da steht Hosea, da steht Jesus und ebenso christliche Eheleute mit ihrem konkreten Leben ein für die Botschaft. – Denn Jesu Verbot der Ehescheidung gehört zu den am häufigsten belegten Jesusworten. Denn auch hier besteht ein elementarer Zusammenhang zwischen Botschaft und ehelichem Verhalten: Christliche Eheleute bilden in ihrer Treue und im Verzicht auf Ehescheidung die Treue Gottes zu seinem Volk unmittelbar real ab. Was hätte es für einen Sinn gehabt, vom neuen Gottesvolk zu reden, wenn Jesus die Treue zwischen Mann und Frau egal gewesen wäre?

Teil der Verkündigung

Die Ehelosigkeit Jesu erleichtert es seinen Hörern, ihm seine Botschaft von der Nähe des Himmelreiches abzunehmen. Jesus lebt ehelos, damit die Menschen glauben können, dass Jesus es ernst meint mit Gottes zukünftiger Ehe mit seinem Volk.

Jesus nimmt die Wirklichkeit Gottes ganz und gar ernst. Deshalb verkündet er, dass die Zukunft der Menschheit in dem Willen Gottes begründet ist, mit den Menschen zusammen zu wohnen. Vom Ernst dieser Botschaft her bestimmt sich der Ernst des Zölibats Jesu.

Der Zölibat Jesu ist damit ein elementarer und wichtiger Teil seiner Botschaft. Jeden Tag seines Lebens macht Jesus in seiner ehelosen Einsamkeit zum Zeichen für das, auf das er wartet. Damit gewinnen die Bilder von Braut und Hochzeit eben nicht nur ästhetisch-illustrativen Charakter, sondern eine sehr reale Bedeutung. Jesus lebt diese Metaphorik aus.

Wir bemerken bei dieser Gelegenheit: Sei es Hosea, sei es Jesus – Gottes Repräsentanten bilden gerade mit der Art und Weise der Eheführung jeweils in besonderer Weise das Verhältnis Gottes zu seinem Volk ab.

Sich als Messias im Sinne des Bräutigams Israels zu bezeichnen, war ein sehr origineller Zug der Verkündigung Jesu. Und da Jesu Verkündigung von der großen Zukunft des Reiches bestimmt ist, gilt: Alle Zukunftshoffnung bildet Jesus in seiner Ehelosigkeit ab.

Zölibat und Kirche

Und weil die Braut Gottes Volk ist, führt die Erneuerung des Bildfeldes durch Jesus zu einer Apokalyptik, die ungewöhnlich stark kirchlich geprägt ist. Hat Jesus Kirche gewollt? Ja, auch deshalb, weil er den Ehebund mit dem neuen Gottesvolk will. Das gibt auch der Kirche eine neue Perspektive. Zölibat hängt, wie bei Jesus, mit Kirche zusammen, mit Liebe zur Kirche; er ist nicht als Unterdrückung „böser Triebe" individualistisch zu verstehen.

Variationen des Bildes

Die neutestamentliche Basis meiner Argumente ist bei näherem Hinsehen recht ausgeprägt: Die Texte zeigen, dass unterschiedliche Einzelaspekte aus dem Metaphernfeld Braut/Bräutigam/Hochzeit gewählt werden. Gerade die Unterschiedlichkeit zeigt immer wieder, wie zentral dieses Bildfeld für die älteste Botschaft gewesen sein muss. Nur Trümmer sind erhalten. Sie betreffen den Abstand zwischen jetzt und der Zukunft der Hochzeit (Synoptiker, Paulus, Apk), den Aspekt der Vorhochzeit (Synoptiker), den Freund des Bräutigams im Unterschied zu diesem selbst (Joh), die Rolle des Brautführers im Unterschied zum Bräutigam (Paulus), die Verantwortung des Bräutigams für seine Braut (Eph), die Verantwortung der Braut für ihr Hochzeitsgewand (Apk), das geduldige, enthaltsame Abwarten des Bräutigams bis zur Hochzeit (Didache), die Einladung zum Hochzeitsmahl (Apk und Mt).

Die Texte im Einzelnen:

Die Texte zeigen, dass ganz unterschiedliche Einzelaspekte aus dem Metaphernfeld Braut/Bräutigam/Hochzeit gewählt werden. Gerade die Unterschiedlichkeit zeigt immer wieder, wie zentral dieses Metaphernfeld gewesen sein muss. Nur Trümmer sind erhalten. Sie betreffen:

- den Abstand zwischen jetzt und der Zukunft der Hochzeit (Synoptiker, Paulus, Apk)
- den Aspekt der Vorhochzeit (Synoptiker)
- den Freund des Bräutigams im Unterschied zu diesem selbst (Joh)
- die Rolle des Brautführers im Unterschied zum Bräutigam (Paulus)
- die Verantwortung des Bräutigams für seine Braut (Eph)
- die Verantwortung der Braut für ihr Hochzeitsgewand (Apk)
- das geduldige, enthaltsame Abwarten des Bräutigams bis zur Hochzeit (Didache)
- die Einladung zum Hochzeitsmahl (Apk und Mt)

Wir gehen zunächst die Stellen nacheinander durch:

> *Mk 2,18-20: „Die Jünger des Johannes und die Pharisäer hielten bestimmte Fastengebote ein. Daher traten Neugierige an Jesus mit der Frage heran: Warum halten die Jünger des Johannes und der Pharisäer Fastengebote ein, deine Jünger aber nicht? Jesus erwiderte: Können etwa die künftigen Hochzeitsgäste in der Zeit Fastengebote einhalten, wenn der künftige Bräutigam mit ihnen schon die Vorhochzeit feiert? Es werden Tage kommen, an denen der Bräutigam nicht mehr da ist, und dann werden sie Fastengebote einhalten."*

Die Stellen Mt 9,15 und Lk 5,34f. entsprechen dem. – Es geht nur um einen Teilaspekt, die Nicht-Einhaltung wohl vor allem des Verzichts auf Wein. Von einer Braut ist nicht die Rede. Aber es ist klar, dass Jesus bei seiner Wiederkunft die Braut heiraten wird. Es kann sich nur um das neue Gottesvolk handeln. Jesus versteht sein Erdenwirken lediglich als Vorstufe dessen, was kommt. Das eigentliche messianische Wirken ist erst zukünftig. – Der Text setzt voraus, dass die Anwendung der Bräutigam-Metaphorik auf Jesus anderswo ausführlicher diskutiert und geklärt wurde. Ein solcher Text ist freilich nicht erhalten.

> *Joh 3,27-30: „Johannes erwiderte: Ein Mensch kann sich nur nehmen, was ihm der Himmel gibt. Ihr seid Zeugen, dass ich gesagt habe: ‚Ich bin nicht der Christus, sondern Gott hat mich vor ihm geschickt.' Bräutigam ist, wer bei der Braut ist. Der Freund des Bräutigams steht draußen vor dem Brautgemach und freut sich, wenn er den Freudenruf des Bräutigams hört. Ich freue mich von ganzem Herzen. Je heller die Sonne leuchtet, umso mehr verblasst der Mond. So ist es mit ihm und mir."*

Auch hier wird mit dem Konzept des Bräutigams nur ein Nebenaspekt geklärt, nämlich die Rolle Johannes des Täufers im Vergleich zur Funktion Jesu. Der Täufer ist nicht der Messias. Aber was heißt: „Bräutigam ist, wer bei der Braut ist..."? Wörtlich lautet der Satz „Wer die Braut hat, ist der Bräutigam." Wir fragen: In welcher Hinsicht „hat" Jesus die Braut und der

Täufer nicht? Ist auf die Einsamkeit des Täufers als des Rufers in der Wüste angespielt? Jesus tritt nicht in der Wüste auf, sondern er ist bei seinem Volk. Er isst mit den unterschiedlichsten Kindern Abrahams. Er stiftet den Zwölferkreis und den Neuen Bund, er heilt viele Menschen. So ist Jesus wirklich bei seinem Volk und der Täufer nicht.

> *2 Kor 11,2f.: „Ich kämpfe um euch mit Gottes eigener Leidenschaft. Ich spiele die Rolle eines Brautführers, ihr seid die Braut. Ich habe euch einem Mann verlobt und will euch unbedingt als unberührte Jungfrau vor Christus stellen. Doch ich habe Angst um euch. So wie die Schlange, dieses hinterhältige Biest, einst Eva betrogen hat, so, fürchte ich, könntet auch ihr verführt und betrogen werden, und dann wäre es um eure Reinheit und Lauterkeit gegenüber dem Messias geschehen."*

Paulus betrachtet sich selbst als Brautführer. Der Brautführer hat über Schutz und Integrität der Braut bis zur Hochzeit zu wachen. Auch hier ist das Metaphernfeld streng auf den wiederkommenden Jesus bezogen. Dem Leser wird deutlich, wie wenig gegenwärtige Theologie und Verkündigung an der Wiederkunft Jesu Christi orientiert ist.

> *Eph 5,25-28a: „Ihr Männer, liebt eure Frauen, wie auch Christus die Kirche geliebt und sein Leben für sie eingesetzt hat. Er hat sie heilig gemacht, er hat sie durch das Bad seines Wortes gereinigt. So hat er sich die Kirche als wunderschöne*

Frau ohne Makel oder Runzel oder sonst einen Schönheitsfehler an die Seite gestellt. Heilig und makellos sollte sie sein. So sollen die Männer ihre Frauen liebhaben wie ihren eigenen Leib.“

Paulus oder sein Schüler wählen einen anderen Zug aus dem Metaphernfeld Braut / Hochzeit heraus: Der Bräutigam ist – nicht gerade ein moderner Gedanke für uns – verantwortlich für das Äußere seiner Braut. Nur hier wird im Neuen Testament eine Anwendung auf die Ehe der Christen vollzogen.

Offenbarung des Johannes (19,6-9): „Wieder hörte ich den Gesang einer unübersehbaren Menge,… . Wir wollen uns freuen und jubeln und ihm die Ehre geben, denn bald ist die Hochzeit des Lammes. Die Braut hat sich geschmückt, sie durfte das strahlend weiße Lei-nengewand anlege als Zeichen für die guten Taten der Christen. Und der Engel sagte zu mir: Glückselig, die zum Hochzeitsmahl des Lammes eingeladen sind!…“

21,2: „Ich sah, dass die heilige Stadt Jerusalem von Gott ganz neu erbaut war, geradewegs vom Himmel auf die Erde versetzt. Sie war schön wie eine Braut, die sich für ihren Bräutigam geschmückt hat.“

21,9: „Dann kam einer der sieben Engel zu mir, welche die sieben Schalen mit den sieben letzten Katastrophenschlägen ausgegossen hatten, und sprach mich an: Komm, ich zeige dir die Braut des Lammes.“

22,17: „Und der Heilige Geist und die Braut des Lammes rufen: Komm! Und jeder, der es hört, soll in den Ruf einstimmen und rufen: Komm! Jeder, der Durst hat, soll kommen, jeder, der trinken will, soll frisches Wasser geschenkt bekommen."

Der Seher Johannes nennt wie Paulus die Braut schon als gegenwärtig fassbare Größe. In der Zukunft am Ende wird sie schön und geschmückt sein. Für den Epheserbrief ist sie das schon jetzt durch die Wirksamkeit Jesu. Aber auch nach der Offenbarung des Johannes 7,14 gilt von ihr, dass sie gewaschen hat ihre Gewänder und sie weiß gemacht hat im Blut des Lammes.

Lehre der Zwölf Apostel (Didache) 11,11: „Es kann sein, dass ein bewährter und echter Prophet mit einer Frau zusammenlebt, die er nicht berührt, und so das Geheimnis der Kirche auf Erden, Christus und seine Braut, das Gottesvolk, in einer Zeichenhandlung darstellt. Wenn er nicht das, was er selbst tut, auch von anderen verlangt, dann sollt ihr nicht über ihn urteilen. Gott wird es tun. Solche Zeichenhandlungen kennt man auch von den alten Propheten."

Das Geheimnis der Kirche auf Erden besteht darin: Sie ist wie eine Braut, die auf die Wiederkunft des Bräutigams wartet. Offenbar gibt es „Propheten", die dieses Geheimnis in ihrer Lebenspraxis nachvollziehen. Da lebt also ein Prophet mit einer Frau zusammen, die er nicht berührt. Das bildet deshalb den Zustand der Kirche auf Erden ab, weil die Hochzeit (mit dem wiederkommenden Bräutigam) noch aussteht. Die Didache wendet dagegen nichts ein, sie warnt nur diese Propheten, sich als Christen erster Klasse aufzuführen und sich elitär zu verhalten.

Dass diese Deutung zutreffend ist, könnte auch 1 Clem 38,2 belegen: „Und wer nicht heiratet, weil er am ganzen Leib heilig sein will [w.: Wer heilig ist am Fleische], der soll das nicht hinausposaunen, sondern anerkennen, dass Gott es ist, der ihm die Enthaltsamkeit schenkt." Ähnlich Ignatius, An Polykarp 5,2: „Wenn jemand in heiliger Keuschheit bleiben kann [w.: in Heiligkeit] nach dem Vorbild und zur Ehre Jesu [w.: zur Ehre des Fleisches des Herrn], dann soll er damit nicht prahlen. Wenn er prahlt, ist er verloren. Und wenn er deshalb höher angesehen ist als der Bischof, dann ist er nicht zu retten." Auffällig: An beiden Stellen, in 1 Clem wie bei Ignatius, An Polykarp, gibt es die Begriffe „heilig" und „Fleisch". Im Blick auf 1 Kor 7,7 möchte ich das Phänomen als ein nicht seltenes Charisma bezeichnen. Auch aus 1 Kor 12 ist ja das Phänomen bekannt, dass Charismen von ihren „Inhabern" eher gemeinschaftsgefährdend gehandhabt werden.

Zu nennen sind aus dem Neuen Testament auch Texte wie Gleichnisse vom Hochzeitsmahl oder vom Bräutigam, der von den Brautjungfrauen (dummen wie klugen) erwartet wird.

Wir werten diese Texte im Rahmen der frühchristlichen Eschatologie aus und stellen fest:

- Jesus ist der Bräutigam.
- Die Hochzeit ist noch nicht vollzogen. Das wird erst geschehen, wenn Jesus wiederkommt.
- Es kommt darauf an, dass die Braut rein, strahlend und schön ist oder in diesem Zustand bewahrt und gehütet wird.
- Entweder hat Jesus Christus die Braut gereinigt (durch sein Blut, was konkret in der Praxis der Gemeinde sich als Wassertaufe darstellt, vgl. 1 Petr 1,2),
- oder die Braut erwirbt sich das Hochzeitskleid selbst durch ihre Werke (Apk 19,8).
- Überschneidungen ergeben sich auch mit dem Konzept der Kirche als dem Leib Christi (Eph).

Resultat

Wir ordnen nun das Gelesene in den Rahmen frühchristlicher Theologie ein und stellen fest: Jesus ist der Bräutigam. Die Hochzeit ist noch nicht vollzogen. Das wird erst geschehen, wenn Jesus wiederkommt. Es kommt darauf an, dass die Braut rein, strahlend und schön ist oder in diesem Zustand bewahrt und gehütet wird. Entweder hat Jesus Christus die Braut gereinigt (durch sein Blut, was konkret in der Praxis der Gemeinde sich als Wassertaufe darstellt, vgl. 1 Petr 1,2), oder die Braut erwirbt sich das Hochzeitskleid selbst durch ihre Werke (Apk 19,8). Überschneidungen ergeben sich auch mit dem Konzept der Kirche als dem Leib Christi (Eph 5). Die Endzeit wird zur Zeit der Vorbereitung auf die Hochzeit. Die Sakramente Taufe und Eucharistie stehen für die Reinigung durch Jesus (womit er übrigens auch ein pharisäisches Ziel erfüllt). Merkmal dieser Zeit ist ein besonderes erwartungsvolles Liebesverhältnis zwischen Christus und Kirche.

Wenn die Kirche den Zölibat für Weltpriester mit der vorgestellten Jesus-Überlieferung begründen könnte, dann hätte das folgende inhaltliche Aspekte: Es geht um Jesu eigene Lebenspraxis. Sie wird eingeordnet in eine gesamtbiblische Auffassung von Zeichenhandlungen biographischen Ausmaßes. Der Zölibat Jesu ist integraler Bestandteil von Jesu Verkündigung des Reiches Gottes. Und der Zölibat hat, aus dieser Tradition verstanden, einen genuin kirchlichen Charakter.

Diese bildliche Rede von Jesus als Bräutigam wurde in der Verkündigung der Neuzeit stark vernachlässigt, von der Theologie ganz zu schweigen. Aber in diesem Bild von Bräutigam und Braut wird das ältere, tief in der Heiligen Schrift des Alten Testaments verankerte Bild von der Ehe zwischen Gott und Israel wiederaufgenommen.

III. Zölibat und Gottesbild

Ehe oder Nicht-Ehe als Zeichen

Speziell zum Verständnis Jesu ist wichtig, was das Alte Testament über den Propheten Hosea berichtet. Denn Jesu Verhalten ähnelt der prophetischen Zeichenhandlung etwa des Propheten Hosea, der auf Geheiß Gottes eine Dirne heiratet, um so das Verhältnis zwischen Gott und Israel darzustellen. Denn die Gestalt der Ehe, die der Prophet lebt, wird in beiden Fällen zum Teil seiner Botschaft, und zwar als einprägsame Zeichenhandlung. Voraussetzung: Der Prophet lebt seine Ehe jeweils vor aller Augen. Das Eheleben kann leicht ein heikler Punkt werden, über den man dann gerne redet. Das ist bei Hoseas Ehe bis heute der Fall, und auch Jesu Ehelosigkeit ist immer wieder ein Punkt des Interesses. Hosea steht mit seinem konkreten Leben ein für seine Botschaft.

Gottes Ehe mit seinem Volk

Der Gott Israels hat in der Sicht der Propheten keine Frau wie andere Götter. Die Entsprechungen zum menschlichen Familienleben hören bei Gott gänzlich auf. Gottes Partnerin ist Israel. Er ist mit seinem Volk

„verheiratet". Und oft genug wird Israel des Ehebruchs bezichtigt. Der Prophet Jeremia verkündet, dass Gott an Scheidung denken muss.

Hinter der Ehe Gottes mit Israel steht – mit den Propheten gedacht – ein bestimmtes Gottesbild: Dieser Gott lebt nicht für sich in einer „Parallelwelt", also mit eigener „himmlischer" Partnerin und Verwandtschaft begabt, sondern er teilt die Lebensgemeinschaft mit seinem Volk und eben mit niemand anderem. Die Erwählung dieses Volkes ist daher an das Eheleben mit Gott gebunden – und umgekehrt.

Da es sich um eine metaphorische Beziehung handelt, ist – wie bei allen Metaphern – nach dem Vergleichspunkt zu fragen. Also: Worin gleichen sich Ehe und das Verhältnis Israels zu Gott? Das *tertium comparationis* (Vergleichspunkt) liegt vor allem im Bereich Treue, Untreue, Scheidung. Der Rahmen ist vergleichbar, weil zwei sehr unterschiedliche Partner sich gegenüberstehen. Man kann dieses Verhältnis von Gott und Volk, von Hirt und Herde, von König und Königreich ein „mythisches" Verhältnis nennen. Denn es kann gut sein, dass in den Hoffnungen und Träumen der Völker (die Alttestamentler sprechen von „alt-orientalischen und ägyptischen Motiven") das Wunschbild eines solchen Königs auftaucht. Jedenfalls begleitet dieses Bild kritisch die Geschichte Israels – kritisch gegenüber der Untreue des Volkes. Im Neuen Testament wendet sich das Wunschbild wieder ganz dem Herrscher zu. Nur die Offenbarung des Johannes weiß auch um die Notwendigkeit, dass die Braut sich ein weißes Kleid besorgen muss.

Geistlich Ehelose im Judentum

Unsere jüdischen Freunde haben immer wieder betont, welcher Skandal es gewesen sein muss, wenn zur Zeit Jesu ein junger Jude nicht heiratete. Das stimmt nicht ganz, denn immer wieder wird von Propheten berichtet, die ganz oder eine lange Zeit hin unverheiratet blieben (Daniel, Jeremias, der Seher Henoch; Rabbinen, die erklärten, die Torah sei ihre Braut). Doch jedenfalls war die Ehelosigkeit Jesu ein krasses, unübersehbares Signal.

Über den Propheten Daniel sagen die jüdischen „Prophetenleben" (1. Jahrhundert vor Christus): „Er war so besonnen, dass die Juden meinten, er sei ein Verschnittener" bzw.: „Er hielt sich von Frauen fern, deshalb hielten die Juden ihn für einen Eunuchen." Von Jeremia erzählte man (in derselben Schrift), dass er „geheiligt" war vom Mutterleib an und deshalb jungfräulich bleiben sollte. – Philo von Alexandrien (1. Jahrhundert nach Christus) berichtet über Moses: „Um rituell rein zu sein, reinigte sich Moses vom Verkehr mit Frauen [was wohl heißen muss: er hielt sich, um nicht unrein zu werden, von ihnen fern]. Letzteres hatte er schon lange verschmäht, fast von der Zeit an, da er, vom Geist besessen, seine prophetische Mission begann. Er hielt es nämlich für angebracht, sich immer im Zustand der Bereitschaft für den Empfang von Orakel-Botschaften zu halten." – Ähnlich in einer Version des „Todes des Moses": Mose trennte sich von dem Tage an, da Gott sich ihm im Dornbusch offenbarte, von seiner Frau. – Außer für Propheten behauptet das Judentum Gleiches für Priester.

Zu Levi, dem Urahn der Leviten, wird nach einer jüdischen Schrift des 1. Jahrhunderts vor Christus gesagt: „Halte dich fern von jedem Geschlechtsverkehr“ (Testament des Levi zu 18,2 Hs. e). Nach dem jüdischen Historiker Flavius Josephus (1. Jahrhundert nach Christus), Altertümer 13,277 darf der jüdische Hohepriester nur eine Jungfrau heiraten und muss diese „bewahren“ – der Ausdruck steht auch in 1 Kor 7,37. – Der Rabbi Pinchas ben Jair (2. Jahrhundert nach Christus) erklärt nach dem Mischnah-Traktat Sota 9,15b (= babylonischer Talmud Traktat Sota 49b), „Reinheit führt zur Enthaltsamkeit, Enthaltsamkeit aber führt zur Heiligkeit.“ – Auch in 1 Kor 7 wird das Wort „heilig“ in demselben Sinne gebraucht. Nach Lev 21,13f. darf der Hohepriester nur eine Jungfrau aus seinem Volk heiraten. Nach dem Anhang zum slavischen Henochbuch 3,2 schläft der Priester Nir seit dem Tage seiner Einsetzung überhaupt nicht mehr mit seiner Frau.

So kann gelten: In der unmittelbaren Nachbarschaft des Neuen Testaments gibt es im Judentum des 1. Jahrhunderts nach Christus deutliche Hinweise darauf, dass man Heiligkeit als dauerhafte sexuelle Enthaltsamkeit versteht. 1 Kor 7 zeigt genau diesen Sprachgebrauch. Jede Art von Kontakt zur himmlischen Welt schloss daher in wachsendem Maße sexuelle Praxis aus.

Nach Qumrantexten darf man in Jerusalem keinen Geschlechtsverkehr vollziehen, weil es ein heiliger Ort ist (Damaskusschrift CD 12,1).

Den Grund für dieses Verhalten und für diese Einschätzungen darf man nun ganz und gar nicht in einer Leib- oder Sexualfeindschaft des Judentums sehen. Der Gott Israels ist völlig eindeutig der Gott, der kreatürliches Leben schenkt. Dieses ist das wichtigste Gut, das man von seinem Segen erwartet. Gerade unter diesem Gesichtspunkt aber gilt ein spezielles Verhältnis von Heiligkeit und Sexualität (s. unter „Heiligkeit").

Im Blick auf das Judentum zur Zeit Jesu kann man sagen: Die Vorstellung, in den Kindern fortzuleben, wird ersetzt und ergänzt durch die Auffassung, nach dem Tod, etwa durch Auferstehung, bei Gott weiterzuleben. Die Neigung zu geistlicher Ehelosigkeit wächst mit dem Glauben an Auferstehung und apokalyptische Zukunft der Menschen.

Das Hohelied im Judentum

Das Hohelied Salomos gehört schon in vor-neutestamentlicher Zeit zu den fünf Schriftrollen, die am Laubhüttenfest vorgelesen werden (Megillot). Setzt die Kanonisierung schon ein allegorisches Verständnis voraus? Das ist auch darauf zurückzuführen, dass der Text dieses Liedes schon vor dem Neuen Testament auf das Verhältnis von Messias und Gottesvolk bezogen wurde. Diese allegorische Auslegung galt zugleich als Rechtfertigung dafür, dass diese Rolle überhaupt zu der Ehre gelangt ist, an diesem Fest vorgelesen zu werden.

Die rabbinische allegorische Auslegung, die sich im Midrasch Schir-ha-Schirim niedergeschlagen hat, wird in der frühen Kirche von Hippolyt von Rom (Mitte 3. Jahrhundert)???, der den ersten Hohelied-kommentar der Alten Kirche geschrieben hat, dem viele ähnliche Kommentare folgten.

Auf diesem Hintergrund halte ich es für wahrscheinlich, dass das im Neuen Testament so breit gestreute Thema vom Messias als dem Ehepartner des Gottesvolkes seinen Ursprung nicht direkt in einer Übernahme des prophetischen Bildes von Gott und (untreuer) Ehefrau hat, sondern sich der zeitgenössischen Auslegung des Hohenliedes verdankt. Denn anders als bei den Propheten ist dieses Bild nun nicht mehr in erster Linie kritisch gemeint, sondern es gibt lauter Themen, die im alttestamentlichen Zusammenhang ungewohnt sind, die Freunde des Bräutigams, sein Ruf, der Brautführer, der Zeitpunkt des Kommens zur Hochzeit, Hochzeitsgäste. Vor allem steht in der neutestamentlichen Verwendung des Bildes der Zeitraum im Mittelpunkt, der die Gegenwart der Jünger von der Ankunft des Bräutigams zur Hochzeit trennt. Ähnlich wie bei den Sklaven-Gleichnissen ist auch hier die Zwischenzeit wichtig, in der der Bräutigam zeitweilig nicht da ist.

IV. Theologische Konsequenzen

Liebe nach der Bibel

Die Ehe Gottes mit seinem Volk, die erwartete Ehe des Messias mit dem erneuerten Gottesvolk – das alles ist jeweils ein Fall von Liebe. Und das Herz des Zölibats Jesu und des Zölibats in der Kirche ist ein Verzicht aus Liebe, näherhin: ein Verzicht auf Liebe aus Liebe. Dabei ist das Neue am Neuen Testament nicht nur die Erweiterung des Gottesvolkes um Heidenchristen, sondern vor allem ist neu das Thema „Abwarten", „Warten auf die Hochzeit". Die Treue und Liebe muss sich sozusagen „vorher" bewähren.

Aus alledem lässt sich Wichtiges für das Thema Liebe überhaupt lernen:

„Liebe" ist in der gesamten Bibel nicht emotional (gefühlte Liebe), nicht individual-psychologisch („Du passt zu mir") und schon gar nicht biographisch („erste Liebe") zu denken. „Liebe" ist vielmehr ein kommunitärer Begriff, ähnlich wie „Gerechtigkeit" auch. Das heißt: Nicht Innenraum oder Biographie des Einzelnen ist hier interessant, sondern das Miteinander auf Augenhöhe. Deshalb spricht Joh 15 auch von Freundschaft (im Griechisches dasselbe Wort wie Liebe). Liebe bedeutet demnach hier: Das Leben (in wesentlichen Punkten) teilen mit dem anderen, verbindliche Gemeinschaft eingehen, sich gleich zu gleich begegnen, die Risiken teilen. – Der Kontrast im Umfeld der frühen Christen: Instabile öffentliche Ordnung, Misstrauen, Unsicherheit und Anarchie. Liebe bedeutet gerade im johanneischen Schrifttum nichts anderes, als dass die Kirche/Gemeinde der Raum für ein verbindliches und auf Dauer ersprießliches Miteinander ist. Insofern gehören diese Passagen aus dem Corpus Iohanneum zu den Vorläufern der Sozialenzykliken. Denn auf höchst organische Weise wird hier der Glaube an Gott mit einem Entwurf des menschlichen Miteinanders verwoben. Und diese Verbindung von Religion und Ethik (soziales Ethos) ist generelles Merkmal der abrahamitischen Religionen. Gerade 1 Joh 4,8 („Gott ist die Liebe") ist daher nicht das „Evangelium der Softies", sondern Beschreibung einer verbindlichen, klaren sozialpolitischen und zugleich im Herzen der christlichen Offenbarung gegründeten Anweisung für das Miteinander. Von Unverbindlichkeit kann, wenn man die jeweiligen Gegner bedenkt, überhaupt keine Rede sein. Und um irgendwelche weltumspannenden Gefühle geht es gar nicht.

Die Verbundenheit mit Christus äußert sich in praktischem alltäglichem sozialem Handeln. Das ist sehr sichtbar weitergegebene Liebe Gottes. Für eine unsichtbare, rein geistige Kirche ist daher das johanneische Schrifttum nicht zu haben. Alle Glaubwürdigkeit hängt davon ab, ob die Jünger und Jüngerinnen Jesu sie im Zeugnis unter Beweis stellen. Geschieht das nicht, so können die „anderen“ nicht glauben (Joh 17,23).

Ganzheit

Paulus propagiert in 1 Kor 7: „Gott gehören, nicht nur dem Innersten nach, sondern auch mit dem Leib“. Hier passt kein anderes Wort als „Liebe“. Denn in der Tat gilt: Nicht die Askese macht den Christen, inklusive Mönch, Priester, Nonne, sondern die Liebe. Geistliche Berufung ist nicht säuerlicher Verzicht, sondern zuerst eine große Liebe. Paulus erwirkt mit diesen unscheinbaren Versen eine Revolution im Menschenbild. Man kann es „Erotisierung von Religion“ nennen. Übersetzt heißt das: Genau jenes Gefangensein, das wir von Verliebtsein und Liebe her kennen, genau den Liebesschwur „Ich gehöre ganz dir“ wagt Paulus auf das Verhältnis des Menschen zu Gott anzuwenden. Das ist jedenfalls im Bereich der biblischen Religion eine Neuheit. Wenn bis dahin im Judentum Menschen auf Sexualität verzichteten, dann aus Gründen kultischer Reinheit, so wird es von Priestern, Hohenpriestern und Propheten verlangt oder berichtet. Doch das, was Paulus sagt, ist neu, denn er meint nicht die Abwesenheit von Samen oder Blut als potenziellen Verunreinigern. Für ihn ist die restlose Hingabe mit dem Innersten und mit dem Leib ein Ausdruck des radikalen Gottesverhältnisses.

Damit aber erschließt Paulus ein ungeheures Kraftpotenzial. Wir kennen das von der geradezu umwerfenden Macht des Verliebtseins. Es bestimmt uns Tag und Nacht, wir wachen damit auf und schlafen damit ein, es bestimmt uns bis in die Fingerspitzen. Genau diese radikale Ganzheit macht das aus, was man geistliche Berufung nennt. Die Ehelosigkeit gehört dazu – nicht weil Sex Sünde wäre, sondern weil Berufung den ganzen Menschen in jeder Hinsicht meint. Die aus dem Verliebtsein geläufige Möglichkeit des Menschen ganz zu sein überträgt Paulus jetzt auf die biblische Religion. Deshalb gehört der geistlich Berufene so total Gott, wie Eheleute einander gehören. Gerade Paulus hatte diese gegenseitige Verfügung der Eheleute (1 Kor 7,3-4) betont. In unserem Abschnitt aber befreit Paulus die Fähigkeit des Menschen zur ungeteilten Hingabe von ihrer bloßen Bindung allein an die Sexualität. Ohne die Sexualität abzuwerten, wird die exklusive Orientierung der Liebesfähigkeit des Menschen an Sexualität aufgehoben. Das ist genau die eigentliche Revolution, die Paulus hier einleitet. Die Wirkung in der Kirchengeschichte ist mehrfach. Auf dieser Linie werden zunächst die christlichen Kommentare zum Hohenlied geschrieben, besonders die bei den frühen Zisterziensern. Die Verfasser (zum Beispiel Bernhard von Clairvaux oder Wilhelm von Saint-Thierry) machen dasselbe wie Paulus: Das, was ihnen in der Sexualität anschaulich vor Augen steht – wovon das Hohelied berichtet –, wird angewandt auf die Liebe zwischen Gott und Mensch, zwischen Jesus Christus und der „Seele“ des Einzelnen. Besonders in der deutschen Frauenmystik wird die ganzheitliche Zugehörigkeit der berufenen Frau zum Heiland eindrucksvoll in Sprache gekleidet. Noch einmal: Es geht nicht um Sexualität, sondern um die Liebesfähigkeit des Menschen, die im Verhältnis zu Gott zärtlich und zugleich überschwänglich zu ihrer Entfaltung gelangt.

Für Paulus ist Zölibat nicht Freiheitsberaubung, sondern Befreiung. Dadurch, dass die menschliche Liebesfähigkeit aus der alleinigen Dienstbarkeit gegenüber der Sexualität gelöst wurde, wird der Mensch befreit. Er kann und darf jetzt auch seinen Beruf, den Dienst an Menschen, den Gegenstand seiner Forschung „total" lieben. Denn es geht alle Male um liebevolle Zuwendung zur Kreatur und damit zumindest indirekt auch zum Schöpfer. Geistliche Berufung im paulinischen Sinn ist eine Berufung in die Freiheit. 1 Kor 7,34 bringt das genau zum Ausdruck, indem von der ungeteilten Sorge, also der Aufhebung jedes Geteiltseins die Rede ist. Denn wessen Sorge geteilt ist, der steht immerzu in Situationen, die zwangsmäßig sind. Denn wohin er auch bewegt wird, immer wird er Opfer, so lässt man ihn ruhen. Bewegung kommt nur ins Spiel durch Freiheit. In diesem Sinne hat die christliche Befreiung der Liebesfähigkeit von der exklusiven Bindung an die Sexualität auch zur Folge gehabt, dass es Sozialarbeiter, Wissenschaftler und nicht zuletzt Ärzte gibt, bei denen man von Berufung sprechen kann. Wenn einer dazu berufen ist, sagt man, wachsen ihm aus seiner Liebesfähigkeit ungeheure Kräfte zu. Auch hier sehen wir dann Gottes Gnade. Und niemand wird leugnen, dass es genau solche

Berufungen sind, die für Wissenschaft und Gesellschaft bitter nötig sind. Solche Menschen hatten die Freiheit, alles auf eine Karte zu setzen.

Man kann also zur Bibliothekarin berufen sein oder zum Arzt. Und diese Auffassung ist, wie wir sehen konnten, wesentlich durch das Christentum geprägt. Überall geht es nicht um Askese, sondern um große Liebe. Was nach Askese aussieht, sind eher Nebenwirkungen der großen Liebe. Paulus redet von geistlichen Berufungen. Und er denkt sie zölibatär, weil im Unterschied zu anderen Fächern oder Sachgebieten hier Gott das Gegenüber ist. Und weil Gott der Schöpfer ist und weil ihm alles gehört, ist es ganz logisch, dass die Liebe ihm gegenüber alles andere verdrängt. Diese Liebe vereinnahmt noch stärker als jede andere Begeisterung. Obwohl des auch dort sein kann, dass zum Beispiel der Beruf des Lehrers oder des Arztes so fordert und so ausfüllt, dass de facto für Ehe kein Raum bleibt. Aber das, was dort „sein kann", ist nach Paulus für die geistliche Berufung zwangsläufig, vollkommen logisch und eine selbstverständliche Konsequenz aus dem Gottesbild. Denn Gott lockt und fordert in ganz anderem Maße als irgendwelche Menschen. Das macht frei gegenüber jeglichem Zwang oder Sachzwang oder jeglicher Autorität. Mit dieser Freiheit ist auch die Möglichkeit gegeben, glücklich zu sein. In jedem Kloster gibt es mindestens einen von dieser Sorte, bemerkt Wilhelm von Saint-Thierry

Zölibat ist eine Frage der Liebe. Es wäre unverantwortlich, Frau und Kinder an die zweite Stelle zu setzen. Sie haben Anspruch auf die volle Zuwendung und Zeit des Vaters. Die Frage müsste so lauten: „Ist dir die Kirche so viel wert, dass du deshalb, um der Liebe willen, auf eine Gattin und Kinder verzichtest, weil du ihnen in diesem Amt nie die Zuwendung schenken könntest, die ihnen zusteht?

Es ist schwierig, den himmlischen Jesus zu lieben. Es geht leichter, wenn man seinen „weltlichen Leib", die Kirche, d. h. jedes einzelne ihrer Glieder liebt, Schafe und Hammel. Das verlangt ein gerüttelt Maß an Opferbereitschaft, Selbstzucht und Askese. Zölibat ist eine Frage der größeren Liebe, nicht der Verachtung der von Gott gegebenen Sexualität des Menschen. Gerade durch den Zölibat werden sowohl Kirche als auch die Familie in ihrem vollen Wert erschlossen.

Im Rahmen der christlichen Botschaft ist geistliche Ehelosigkeit unter vier Kategorien einzuordnen, als Konkurrenz zwischen Religion und Sexualität (Familie), als Unterbrechung des üblichen Lebensvollzuges, als Heiligkeit nach Leib und Seele (1 Kor 7,34) und als ein beachtliches Stück Kreuzestheologie. Der Rahmen ist Jesu Verkündigung des Reiches, die vier Kategorien sind die Konsequenzen für den Verkündiger im Rahmen der Botschaft. Dadurch werden einzelne Züge der Botschaft klarer erkennbar.

Konkurrenz

Man kann fragen: Zölibat – muss das sein? Sind nicht Verkündigung und bürgerliche Ehe gut vereinbar? Die Antwort kennen wir von Jesus und von Paulus her. Jesus würde sagen: Ich will gerade an der für Menschen zentralen Stelle ganz und gar Zeichen sein für meine Botschaft, mit Leib und Seele meine Rolle als Messias des neuen Gottesvolkes darstellen. Paulus würde sagen: Der Verheiratete ist hin- und hergerissen, der Ehelose gibt über Gott und den Sinn des Lebens eine ganzheitliche, radikale, eindeutige Antwort: Wir gehören Gott und erwarten alles von Gott.

Gegner des Zölibats haben stets auf 1 Kor 7,29 verwiesen: Paulus empfehle den Zölibat wegen der Naherwartung, die aber sei nun vergangen, also entfalle die Begründung. Die Hauptargumente folgen jedoch erst ab 7,32: Wer heiratet, ist in seiner Sorge geteilt. Und das ist auch der Grund für die Regeln zur Mäßigung des emotionalen Engagements in 7,29-31. So sagt es Paulus schon im unmittelbaren Anschluss in 7,32: „Ich will nur, dass ihr euch keine überflüssigen Sorgen macht." Auch in diesem Punkt stimmt er mit Jesus überein: Denn Jesus ruft in Mt 6 zur Freiheit von der Sorge um Nahrung, Kleidung und Familie auf, weil nur eines wichtig ist: Gottes Reich und seine Gerechtigkeit (d. h. die Gerechtigkeit, die es fordert). Auch für Jesus ist der Grund, diese Freiheit zu fordern und zu leben, keineswegs das bevorstehende Weltende, sondern die Güte des Vaters, die jedem überreich gilt, der sich ihr anvertraut. Mt 6 ist daher ein ganz unapokalyptischer Text.

Für Paulus wie für Jesus gilt daher: Nicht das nahe Ende der Welt, sondern die ungeteilte Suche nach dem, was Gottes Wille jetzt und hier ist, relativiert alle irdischen Sorgen und macht sie im Falle radikaler Nachfolge (wie sie bei Jesus und Paulus gegeben ist) völlig überflüssig. Nach Paulus gilt das auch für irdische Freuden und irdischen Kummer, das heißt: Er weitet gegenüber Jesus das emotionale Sorgenpotential Jesu aus. Bezogen ist jetzt der gesamte Bereich der Interessen, der familiären und der geschäftlichen. Wenn Paulus sagt, das Zurückfahren der Herzensbindungen sei nötig, weil man sich darum sorgen müsse, was der Herr will und was ihm gefallen kann, dann entspricht das in Mt 6,33 der Gerechtigkeit, die Gottes Herrschaft fordert. – Jesus und Paulus lassen in diesem Zusammenhang jeder ein beträchtliches Wissen um die „Konkurrenz der Sorgen" beim Menschen erkennen. Und man darf fragen, wie es bei beiden kommt, dass die Sorge um Gottes Willen (oder, wie wir oben sagten: um das erste Gebot) einen so uneingeschränkten, alles andere verblassen machenden Stellenwert gewinnt. Denn „dem Dienst an Gott und vor Gott ist nichts vorzuziehen". Die Antwort: Erst die Gotteskindschaft verleiht die Leichtigkeit gegenüber allem, was nur Vorletztes ist. Erst weil Gott so intensiv und herzlich auf die Menschen zugegangen ist, hat das erste Gebot die neue, unabdingbare Bedeutung erhalten, die ihm zukommt.

Gott verlangt diese Anbetung, da er nach Dtn 6,4f. als der eine und einzige Gott geliebt werden will „aus ganzem Herzen und aller Kraft". Und auch der Ehepartner verlangt (natürlich nicht Anbetung, aber) ungeteilte Liebe, und zwar ein Leben lang, eben dass man einander „ganz gehört".

Resultat: Die Konkurrenz zwischen Liebespartner und Gott äußert sich zum Beispiel bei Paulus in 1 Kor 7, wo er für Eheleute von der geteilten Sorge spricht. Es wäre nach Paulus einfacher, diese liebende Sorge nicht auf zwei Partner, auf Gott und den Ehepartner, zu verteilen, sondern allein und ganz auf Gott zu richten. Die Voraussetzung dieser paulinischen Argumentation ist: Es besteht eine wirkliche Konkurrenz.

Abgeschwächt besteht eine solche Konkurrenz auch zwischen Gott und Geld. Denn man kann „nicht Gott dienen und dem Mammon". Freilich ist diese Konkurrenz abgeschwächt, denn sie führt nicht dazu, dass man Geld nicht in die Hand nimmt, sondern lediglich dazu, dass man dem Mammon nicht sklavisch „dienen" soll. Er ist ja auch keine Person.

Auf die Konkurrenz weist auch dieses: Zölibat war immer ein Kontrastprogramm. Zu Zeiten blühender Familien lebt auch er; in Zeiten grassierender Single-Mentalität wird auch er bedeutungslos oder schwierig.

Unterbrechung

Der geistlich Ehelose unterbricht mit seinem Leben die Abfolge der Generationen. Sie muss anderswo weitergehen. Ich übernehme hier die Kategorie der Unterbrechung aus der Philosophie W. Benjamins und denke sie selbständig weiter.

Das Gewöhnlichste, Allgemeinste, Grundlegende, biologisch Vorrangige, die Weitergabe des Lebens, kommt hier nicht zum Zuge. Das ist so gravierend, dass es schon schwerwiegender Gründe bedarf, so zu handeln. Denn ein derartig gewichtiger Verzicht ist nur vertretbar, wenn es um die Ehre Gottes und das Heil, die Zukunft der Menschen geht. Das ist in der Botschaft Jesu der Fall. Denn Jesus wie Paulus sagen mit ihrem Zölibat, dass es eine Botschaft und einen Dienst an dieser Botschaft geben kann, die Höchstwert haben und die deshalb die individuelle biographische Erfüllung in Sexualität und eigener Familie bei Weitem überragt und im Zweifelsfalle verblassen lässt.

Muss Zölibat also sein? Er ist schlicht pädagogisch sinnvoll als eindeutiges Zeichen. Das Herz dieses Verzichtes aber ist Liebe.

Die Unterbrechung der Generationenfolge ist dazu da, dass im Ausscheren des geistlich Ehelosen der Sinn des Ganzen auch für alle anderen deutlich wird. Der Sinn des Ganzen kann kein anderer sein als Gott zu lieben aus ganzem Herzen. Der Zölibat macht das zeichenhaft deutlich. Er „funktioniert" nicht, wenn man ihn im Sinne des kategorischen Imperativs I. Kants versteht; man kann daraus kein allgemeines Gesetz machen. Die biblische Charismenlehre ist ein deutlicher Kontrast zu jeder kantianischen Ethik. Wenn die Verbindung zwischen dem Zeichen, das der Einzelne vorlebt, und dem Sinn des Ganzen nicht mehr erkannt wird, verfällt der Zölibat. Der geistlich Ehelose lebt ganzheitlich vor, was allen der Sinn des Lebens sein sollte. Und nicht zuletzt lebt er dieses vor: Dass die Entscheidung für den Höchstwert im Einzelfalle, im Konfliktfalle und öfter auch ein Nein zu anderen hohen Werten wie Familie und Sexualität bedeutet. Nein sagen zu können, das hat die heutige Gesellschaft sehr gründlich verlernt. Bei geringeren Werten legt sich ein Nein von selbst für jeden Klugen nahe. Dass das Nein gerade gegenüber Familie und Sexualität erwartet wird, macht nur dieses deutlich: Sie sind im Übrigen die höchsten Werte. Nur ein einziger Wert überragt sie. Das ist eine Botschaft, die für alle Menschen wichtig ist. Sie lautet: Im Ernstfall, wenn es wirklich um Würde und Ziel des Menschen geht, gibt es Wichtigeres als sogar Familie und Kinder, Sex und Generationenfolge. In der Unterbrechung wird der Sinn des Ganzen (des menschlichen Lebens überhaupt) sichtbar.

Es gibt daher keinen sozialeren Beruf als den des Zölibatärs: Er lebt nicht für sich selbst allein und eben auch nicht für den engen Kreis seiner Familie, sondern er verdeutlicht sichtbar und anstößig allen den Ernstfall. Dass Familie, Sex und biologisches Leben nicht das Höchste sind. Alle Märtyrer haben eben dieses auf andere Weise gezeigt. Es gibt eine Affinität von Zölibat und Martyrium.

Heiligkeit

Paulus nennt die ungeteilte Hingabe, das Sorgen allein um Gottes Reich und Willen – gerade im Zusammenhang mit Zölibat – „Heiligkeit“ (1 Kor 7,34).

Heiligkeit ist eine archaische besitzrechtliche Kategorie. Der heilige Ort, die heilige Zeit, das heilige Haus (Tempel) gehören exklusiv Gott. Wer in das Heilige eintritt, muss sich vorbereiten (Schuhe ausziehen, Fasten, nicht zum Gelderwerb arbeiten). Denn der Bereich des Heiligen ist eine wichtige Unterbrechung des normalen Fortgangs. Das Leben hält inne, in der Bewegung, in der Arbeit und in der normalen Tätigkeit des Berufs. Nach strengeren jüdischen Auffassungen darf man in Jerusalem, der heiligen Stadt, keinen Geschlechtsverkehr haben. Und schon nach dem Alten Testament ist die Wahl sexueller Partner bei Priestern und Hohenpriestern eingeschränkt. Nach Ansichten aus dem 1. Jahrhundert nach Christus müssen sich die Hohenpriester wenigstens in zeitlicher Nähe zu ihrem Dienst ganz jeder Ausübung der Sexualität enthalten. Auch von einer ganzen Reihe von Sehern und Propheten weiß das Frühjudentum dieses zu berichten. – Heiligkeit bedeutet daher oft: Im Bereich Gottes (Ort oder Zeit) darf der Mensch gerade mit den elementarsten, überlebensnotwendigen, für ihn typischen Tätigkeiten nicht aktiv werden. So wie er am Sabbat nicht arbeiten darf, gilt Entsprechendes für andere heilige Personen, Zeiten und Orte. – Der Inbegriff des Heiligen im Bereich des Alltäglichen ist der Sabbat. Er ist die Unterbrechung schlechthin.

Heiligkeit ist auch heute noch Unterbrechung des weltlichen Tuns, sich ab- und auszusondern, Räume, Zeiten, Orte und sich selbst frei zu halten für Gottes Anspruch. Es ist gleichermaßen die Freiheit des Menschen, radikal zu lieben und anzubeten.

Diese Freiheit des Menschen reizt das Begehren unterschiedlicher Mächte und Mächtiger, diese letzte Freiheit des Menschen für sich zu besetzen und zu vereinnahmen, um gerade dadurch den Menschen zu beherrschen. Die Liebes- und Anbetungsfreiheit möchten in Anspruch nehmen der (Ehe-)Partner, der Tyrann und Gott. Beginnen wir mit dem Mittleren: Der Tyrann begnügt sich nicht damit, Steuern zu erhalten; er will als Gott angebetet werden, und er macht diese Anbetung zum Kriterium legaler Existenz. Wer diese Anbetung verweigert, begeht ein Majestätsverbrechen. Zum Ersten: Die Bedeutung des Zölibats für den normal verheirateten Christen besteht darin, dass er seinem Partner, seiner Partnerin nicht total gehört. Gott ist der Dritte in jedem Bunde.

Resultat: Die Dimension der Heiligkeit bedeutet für den Menschen eine letzte Freiheit, einen höchsten Herrn. Wo immer andere dieses Recht beanspruchen möchten, zeigt der Blick auf den Zölibatär, dass diese Ansprüche unrealistisch sind und stets scheitern müssen.

Eine besondere wechselseitige Beziehung besteht zwischen *Heiligkeit und Sexualität.*

Das Heiligtum und der dort empfangene Segen Gottes ist Quelle des Lebens. Dort, wo das Ganze neu geschenkt wird, wie man hofft, hat das Gewöhnliche keinen Platz. An der Bedeutung des Sabbats kann man das gut illustrieren. Der Sabbat ist die heilige Unterbrechung aller Arbeit, auf dass in dieser Unterbrechung die Kraft zu allem Tun neu empfangen und gesegnet wird. Es geht daher um eine Variante der Gnadentheologie, nach der am Ort oder in der Zeit der Unterbrechung der Mensch gewissermaßen stillhält, um sich segnen zu lassen. Sexualität ist daher weder für Priester noch zu heiligen Zeiten oder an heiligen Orten, auch nicht für die stillende Mutter bis zu ihrer Aussegnung, etwas Schmutziges. Sondern der Mensch verzichtet auf seine Werke, um gewissermaßen leer und empfangsbereit vor Gott zu stehen. Und die Propheten üben sie zum Teil lebenslang nicht für sich selbst, sondern zugunsten des Volkes, für das sie bestellt sind. Für den Priestersohn Johannes den Täufer und Jakobus den Herrenbruder, der ein quasi-priesterliches Leben am Tempel führt, halte ich diese Begründung ihres Zölibats für sehr gut möglich.

Das ist der Sinn der heiligen, kultischen Unterbrechung. Was der Sabbat für die Arbeit und das Herumeilen bedeutet, vollziehen die heiligen Personen, die wir aufzählten, in ihrer Funktion für das ganze Volk. Was der Sabbat in seiner Rolle für die übrigen Tage ist, das stellen ähnlich Propheten und Priester in der Sexualität für das ganze Volk dar. Heiligkeit ist nicht Verachtung der Schöpfung, sondern die zeichenhafte Vergewisserung ihres Ursprungs (den Gott immer wieder neu schenkt).

Wenn Jesus freilich nach Joh 17,19 sagt, dass er sich „heiligt" für seine Jünger (Berger-Nord: „Für sie mache ich mich zu deinem Eigentum"), dann bezieht sich das nicht zuerst auf Jesu Tod, sondern auf sein ganzes Dasein. Denn „sich heiligen" heißt: in ganz bestimmter Richtung „sich aus dem Verkehr ziehen" und wie ein Priester allein für Gott da sein.

Das bedeutet: Viele menschliche Lebensvollzüge einfach aufhören lassen, damit Gott die anderen, die übrigen umso mehr segne. Das ist auch ein Teil des Gedankens des stellvertretenden Verzichts. Jesus leistet ihn besonders auch für die Ehe. Jesu Verzicht auf Ehe steht daher als Teil für das Ganze, also für Jesu ganzes Leben.

Kreuz und Eunuchen

Zölibat heißt Verzicht auf die eine (familiäre) Liebe um der anderen Liebe (der zur Kirche, zum kommenden Reich Gottes) willen. Dieser Verzicht ist nicht zum Nulltarif zu haben. Die andere Liebe hat ihren Preis. Wir sahen bereits: Ehelosigkeit ist ein drastisches und in jeder Hinsicht höchst anstößiges Zeichen. Denn sie durchbricht alles Vorletzte, und sei es auch noch so kostbar, im Blick auf das Letzte. – Das ruft notwendigerweise den Protest aller derer hervor, die gerne im Bereich des Vorletzten Menschen tyrannisieren möchten. Jesus weiß um diesen Protest, und deshalb redet er von den geistlich Ehelosen als von den Eunuchen um des Himmelreiches willen (Mt 19,10-12).

Eunuchen aber sind in jeder Gesellschaft etwas, das dem Spott anheimfällt, weil nicht ein Mann dort drinsteckt, wo etwas wie ein Mann aussieht. Eunuchen haben eine zu hohe Stimme und werden schon von Kindern deswegen gehänselt, die hinter ihnen herlaufen. Wehe dem Lehrer, der eine zu hohe Stimme hat.

Eunuch zu sein oder als solcher zu gelten, ist daher eine Schande. Es kommen noch die Verdächtigungen über alles das hinzu, was noch des Weiteren (außer der Potenz) fehlen könnte. Kurzum, ein Eunuch ist ein Unglücksmensch. Das gilt besonders dort, wo für den Selbstwert der soziale Stellenwert am meisten zählt. Und das ist in der Umwelt Jesu sicher der Fall.

Aber warum wirbt Jesus um Verstehen für den, der sich so der Schande und dem Gespött aussetzt? Denn es sind wohl nicht in erster Linie die Freuden des geordneten Hausstandes inklusive warmer Mahlzeit und Großfamilie, die dem Eunuchen abgehen. Wichtig ist vielmehr: Er kann nicht stolz sein, und es liegt an ihm. Er ist für die schlichteste Gemeinschaft nicht gemeinschaftsfähig. Er steht draußen. Jeder weiß: Er kann weder sich noch eine Frau glücklich machen, noch wird er je Kinder oder Enkel haben. Und in Wirklichkeit zählt das auch heute.

„Um des Himmelreiches willen" – das lässt auf eine Option für Werte schließen. Wer näher wissen will, warum sich Jesus zum Eunuchenwort „versteigt", muss bei den Punkten Stolz und soziale Reputation ansetzen. Er wird dann schnell zu 1 Kor 1 geführt. Paulus sagt dort, dass der Verzicht auf die bürgerlichen Werte (Macht, Schönheit, Wissen, Adel, Geltung) der sicherste und der einzige Weg zum Frieden ist. Denn alles, worauf man stolz sein kann (und dazu gehört auch eine schöne, kluge Frau bzw. ein entsprechender Mann nebst Kindern und Enkelkindern), führt zum Unfrieden. Der einzige Weg zum Frieden ist, sehr bewusst den Weg der Schande zu wählen, dazu gehört das Eunuch-Sein wie das Kreuz auf sich zu nehmen (Mk 8,34, denn das Kreuz ist die schändlichste Hinrichtungsart; zur theologischen Bedeutung des Nachfolgens s. unten zu Dtn 13,5) oder eben die Option für die Un-Werte nach 1 Kor 1. Jesus und Paulus ziehen auch hier an einem Strang.

V. Nachfolge

Nachahmung der Ehelosigkeit Jesu

Aber genügt es nicht, wenn der Bräutigam des neuen, künftigen Gottesvolkes ehelos bleibt? Warum müssen seine Jünger dieses Zeichen nachmachen, obwohl sie doch gar nicht der Messias sind?

Jesus ist nicht Messias für sich allein. Für die Jünger gilt die Möglichkeit einer besonderen Teilhabe durch radikale Nachahmung. Das gilt gerade bei den Dingen, die den Einzelnen unvertretbar individuell betreffen wie z. B. Ehe und Tod.

So hat man sich z. B. oft gewundert, wie Ignatius von Antiochien Nachfolge Jesu durch Nachahmung des Märtyrertodes erstreben wollte. Man hat dieses genauso wenig verstanden wie die Nachahmung der Ehelosigkeit Jesu. So muss man sagen: Die Christenheit hat diese Form der Nachfolge weitgehend vergessen. Im Unterschied zum spätmittelalterlichen und frühneuzeitlichen Verständnis der Nachfolge Christi gibt es bei der Nachfolge Jesu im Neuen Testament die Gestalt der sehr wörtlich genommenen Totalnachfolge. Das bedeutet Ehelosigkeit, Besitzlosigkeit, Weg der Schande, physisches Leiden als Ausweis der Zugehörigkeit zu Jesus, und direktes Erstreben des Martyriums.

Dann werden auch die Peristasenkataloge des Apostels Paulus verständlicher und besonders die Art und Weise, in der er z. B. nach 2 Kor 4 das Leiden, das ihn trifft, als direkten Ausweis der Zugehörigkeit zu Jesus betrachtet. Gerade dadurch, dass Paulus immer mit den jüngsten Spuren von Misshandlungen auftritt, erweist er seine Nachfolge. Und damit seine Zugehörigkeit zum Messias. Wenn die oben angenommene Einordnung zutrifft, dann sind diese Leiden des Apostels nicht nur Zeichen der Zugehörigkeit zu Jesus, sondern auch Ausweis des himmlischen Bürgerrechts. Wer dort zu Hause ist, dem kann es nicht anders ergehen. – Verständlich wird auch Mk 8,33f.: Petrus, der das Leiden des Menschensohnes ablehnt, wird drastisch in die Nachfolge zurückgerufen. Denn das Leiden des Menschensohnes ist nicht nur ein entferntes christologisches Problem, sondern vor allem auch eine Anfrage an die eigene Leidensbereitschaft des Petrus.

Es gibt nun eine ganze Reihe von Zeugnissen für die Nachahmung der Ehelosigkeit Jesu, und zwar gerade auch im Blick auf die Konsequenzen für das Verständnis von Kirche.

Frühe Nachfolge

Das Prinzip der individuellen, sehr strengen, wortwörtlichen Nachahmung Jesu Christi ist nicht im engeren Sinne des Wortes als ethisch zu bezeichnen. Denn es geht nicht darum, dass Jesus eine allgemein verbindliche Moral, also Gottes Willen z. B. nach dem Gesetz, vorbildlich gelebt hätte. Das Thema ist hier vielmehr ein bestimmter Lebensstil. Gerade in ihm liegt dann die besondere Teilhabe an diesem Messias. In keiner traditionellen jüdischen Messiaserwartung findet sich dieses Element. Es hat seinen Ursprung im alttestamentlichen Verhältnis zu Gott, das schon im Deuteronomium (z. B. 13,5) als Hinterhergehen hinter Gott und in diesem Sinne als Nachahmen Gottes verstanden wird. Auf das Gottesbild werden wir gleich bei der Erörterung der Wüstenväter wieder stoßen.

Schon im 1. Jahrhundert nach Christus gab es Christen, die um der glaubwürdigen Verkündigung willen das Zeichen der Ehelosigkeit Jesu nachahmten. Wie denn gehorsame Nachfolge immer auch im Nachahmen besteht. Paulus erwähnt solche „Paare" für Korinth (1 Kor 7), und die „Lehre der Zwölf Apostel" nennt solche Leute, die das Geheimnis der Kirche auf Erden darstellen (11,11): „Es kann sein, dass ein bewährter und echter Prophet mit einer Frau zusammenlebt, die er nicht berührt, und so das Geheimnis der Kirche auf Erden, Christus und seine Braut, das Gottesvolk, in einer Zeichenhandlung darstellt. ... Solche Zeichenhandlungen kennt man auch von den alten Propheten."

Das Geheimnis der Kirche auf Erden besteht darin: Sie ist wie eine Braut, die auf die Wiederkunft des Bräutigams wartet. Offenbar gibt es „Propheten", die dieses Geheimnis in ihrer Lebenspraxis nachvollziehen. Da lebt also ein Prophet mit einer Frau zusammen, die er nicht berührt. Das bildet deshalb den Zustand der Kirche auf Erden ab, weil die Hochzeit (mit dem wiederkommenden Bräutigam) noch aussteht. Die Didache wendet dagegen nichts ein, sie mahnt nur diese Propheten, sich als Christen erster Klasse aufzuführen und sich elitär zu verhalten. Der Gebrauch des Bildfeldes hat auch einen weiteren emotionalen Aspekt: Gerade auch das Zusammenleben von Prophet und Frau lässt daran denken, wie ungeduldig und sehnsuchtsvoll man auf die Hochzeit (Jesu) wartete.

Wirkungsgeschichte der „Nachfolge Christi"

Der Begriff der Nachfolge Christi ist wesentlich durch Thomas von Kempen (gest. 1471) und sein gleichnamiges Buch bestimmt. Demnach besteht die Nachfolge Christi wesentlich in Demut, Bescheidenheit, Friedfertigkeit, Einfalt, Gehorsam, Gottvertrauen und Leidensbereitschaft. Das Neue Testament und seine Aussagen werden wesentlich im Licht dieser sehr „sanften" Darstellung gelesen. Dieses Werk ist hoch zu achten und nicht zu unterschätzen.

In der Hauptsache ist dieses in der ganzen Christenheit einflussreiche Buch eine Deutung Jesu, bei der die Ethik beherrschend ist, und zwar eine ebenso sanfte wie freundliche. Dadurch treten – insbesondere in der Rezeption des Werkes des Thomas von Kempen – andere Züge der Verkündigung Jesu zurück, nämlich seine radikalen Zeichenhandlungen. Diese sind vormoralische Rahmenbedingungen der Nachfolge. Sie bestehen in Jesu Grundverhalten gegenüber Ehe, Familie, Besitz, Ehre und leiblichem Leben (Martyrium). Bei der Frage, ob Jesus diese Werte oder Güter für sich würde in Anspruch nehmen wollen, hören wir stets ein unbedingtes „Nein!“ Dieses Nein betrifft das, was man heute die gesamte bürgerliche Existenz Jesu nennen würde.

Fast alle diese Werte sind schon in den Evangelien mit der „Nachfolge“ Jesu verknüpft, so Ehe und Familie in Mk 10,29f., Besitz in Lk 18,18 und Mk 10,19, Ehre im Wort vom Kreuz in Mk 8,37 und leibliches Leben in Lk 14,27.

Die Jünger, die Jesus in seine Nachfolge beruft, sind gegenüber diesen Forderungen nicht frei. D. h. sie können hier nicht wählen oder Kompromisse finden. Der Wortsinn der Evangelien schließt das aus.

Dennoch ist die Grundstimmung keine düstere Lebensverneinung, sondern Freiheit. Diese Freiheit aber ist nicht negativ bestimmt und daher keine Verachtung der Schöpfung. Das Nein zu diesen irdischen Werten ist möglich, weil es einen kräftigen Impuls aus der starken Werterfahrung des „Himmels“ gibt. In diesen Zusammenhängen geht es um das „himmlische Jerusalem“, die „himmlische Stadt“, die Kirche auf dem Sion, das himmlische Bürgerrecht, denn die Jünger bzw. Christen sind eingetragen in die Bürgerlisten dieser Stadt.

Die Christen sind freie Bürger (dieser Stadt) und freie Königskinder Gottes. Von diesem Widerlager im himmlischen Jerusalem her ist zum Beispiel die Ehelosigkeit Jesu positiv zu begreifen.

Denn weil Jesu Braut das neue Gottesvolk, das himmlische Jerusalem, sein wird, deshalb hält er sich demonstrativ und im Sinne einer Zeichenhandlung vom irdischen Wert der Ehe fern.

Das Zeugnis des Hebräerbriefes

Hebr 11,9-10.13-16:

> *„(9) In der Kraft seines Glaubens wohnte Abraham im verheißenen Land wie ein Fremder. Als wäre es ein fremdes Land, wollte er gemeinsam mit Isaak und Jakob, Trägern derselben Verheißung, dort nur in Zelten hausen. (10) Denn seine Sehnsucht richtete sich auf die Stadt, die wirkliche Fundamente hat, das himmlische Jerusalem, dessen Baumeister Gott selbst ist. ... (13) In der Kraft ihres Glaubens bekannten alle Kinder Abrahams, Fremdlinge und Heimatlose im heiligen Land zu sein. Für sie alle hatten sich die Verheißungen bis zu ihrem Tode nicht erfüllt, doch sie sahen sie von ferne und freuten sich darauf. (14) Wer so redet, gibt damit zu erkennen, dass er seine Heimat erst sucht und noch nicht gefunden hat. (15) Wenn für jene Israeliten damals das Land, aus dem sie ausgezogen waren, eine Heimat gewesen wäre, dann hätten sie Zeit*

und Gelegenheit gehabt, zurückzukehren. (16) Doch sie sehnten sich nach einer besseren, der himmlischen Heimat. So kann man Gott ohne Weiteres den Gott Abrahams, Isaaks und Jakobs nennen, weil er ihnen eine himmlische Stadt in Aussicht gestellt hat. Wenn man ihn so nennen darf, wird er seine Anhänger nicht enttäuschen und bloßstellen."

Dieses Gottesbild und damit auch dieses Menschenbild ist essentiell, das heißt unverzichtbar für (Judentum und) Christentum. Und der Zölibat ist die ihm direkt entsprechende Lebensform. Diese Lebensform verhindert, dass dieser Zug des Gottesbildes in reine Theorie abrutscht. Es ist völlig klar, dass die bloß theoretische Darstellung unglaubwürdig ist. Die nichtworthafte Verkündigung durch das gelebte Leben hat hier unbestreitbaren Vorrang.

Die geistliche Ehelosigkeit ist daher nicht nur Jesus-Nachfolge, sondern auch Gottesnachfolge. Sie ist tief im biblischen Gottesbild begründet, z. B. Dtn 13,5 („Dem Herrn, eurem Gott, sollt ihr nachfolgen..."). Nachfolge Jesu ist immer Nachfolge Gottes. Deshalb ist sie überhaupt „zielführend", nämlich zum Heil.

Dass hier ein Zusammenhang mit dem Bilderverbot besteht, ist nur kurz zu streifen. Denn dass Gott nicht sesshaft und wandernd, ja flüchtig ist, hat seine Entsprechung auch im Fehlen des Kultbildes. Und wenn man davon ausgeht, dass Mann und Frau zusammen Gottes Bild sind (Gen 1,26), dann verzichtet der ehelos Lebende auch auf die Zusammenfügung selbst dieses Bildes von Gott.

Auch an dieser Stelle ist wieder mit dem Einwand zu rechnen, geistliche Ehelosigkeit sei eben nicht Zölibat. Dazu ist einmal auf das oben zum Thema „Zwangszölibat“ Gesagte zu verweisen. Zum anderen aber ist der Ertrag dieses Abschnittes hier: Je wesentlicher das Nicht-Integriertsein zum Gottesbild gehört, umso mehr rückt es ins Zentrum der Verkündigung, da es sich um eine Art der „Darstellung Gottes“ handelt, die nur durch lebende Menschen möglich ist. Der geistlich Ehelose verkündet wie kein anderer die Grunderfahrung, die Menschen mit dem biblischen Gott seit mehr als drei Jahrtausenden gemacht haben. Je wichtiger das ist, je mehr der wandernde, bleibend fremde Gott im Zentrum steht, umso mehr verblasst der Vorwurf des ausgeübten Drucks. Wenn es zutrifft, dass geistliche Ehelosigkeit für die Verkündigung wesentlich ist, dann ist es einfach notwendig und elementar, dass dieses in praktischer Form zum Zentrum der Verkündigung gehört. Oder umgekehrt: Wer diese zeichenhafte Form der Verkündigung aufgibt, begräbt einen wesentlichen Zug des biblischen Gottesbildes. Diesen Gott verkünden, heißt ehelos leben.

Gott als der Fremde

Der Stil der radikalen Nachfolge wird später zum Merkmal der Wüstenväter.

Bei den griechischen Wüstenvätern heißt Nachfolge Jesu Christi „Fremdsein“ (griechisch: *xeniteia*), nach H.-C. Zander dasselbe wie „nicht integriert sein“.

Gemeint ist die Heimatlosigkeit der Wüstenväter. In diesem Sinne ist das Wort des Abbas Jakob zu verstehen: „Fremde aufzunehmen ist gut; aber es ist besser, selber ein Fremder zu sein." Praktisch heißt das, keine Stadt und kein Dorf zu betreten, sondern allein in der Wüste zu sein. Ephraem der Syrer schildert sie: „Wie wilde Tiere ziehen sie von Wüste zu Wüste, wie Hirsche schweifen sie von Weide zu Weide, wie Vögel ziehen sie über die Berge hinweg." – „Christlich ist es, Freunde barmherzig aufzunehmen. Christlich, sie heimisch zu machen, ihnen bei er Integration zu helfen. Ungleich christlicher aber ist es, selber ein Fremder zu sein. Nicht heimisch, nicht geborgen, nicht integriert. Kein Fremder mit erduldetem Migrationshintergrund, sondern mit frei gewähltem Migrationsvordergrund. Dieser bewusste Verzicht auf Integration ist der Weg der Gotteserfahrung. Denn so ist Gott selbst." Denn Gott selbst ist überhaupt nicht integriert, „nicht sozial, nicht politisch, nicht kulturell". Er zieht es vor, abwesend zu sein, allen ein Fremder." (H.-C. Zander). So ist das Wort des Wüstenvaters Sisoes zu verstehen: „Suche Gott, aber frage nicht, wo er wohnt."

Man kann den Zölibat als den letzten Rest dieses archaischen Gottesbildes und urtümlich biblischen Verhältnisses zu Gott ansehen. Denn hinter den Wüstenvätern wird das Bild Abrahams sichtbar, so wie es Hebr 11,9-10.13-16 beschreibt (s. o.).

Skeptische Anfragen

Jeder Skeptiker wird auch hier wieder fragen: Rechtfertigen alle diese schönen Konzepte und Ideen die Verankerung des Zölibats im Kirchenrecht der lateinischen Kirche als grundsätzliche Voraussetzung für den Presbyterat (Priesterweihe)? Wobei Ausnahmen die Regel bestätigen, etwa wenn evangelische Pfarrer mit Familie katholisch werden und dann sehr wohl die Priesterweihe empfangen und verheiratet bleiben dürfen. Was ist das für eine Art von kirchlicher Gesetzgebung?

Geht es nach dem biblischen Zeugnis nicht doch nur um „Kann- Bestimmungen", nie um „Soll" oder „Muss"? Offenbar handelt es sich nach der Bibel um eine Art von Verbindlichkeit, die wir nur schwer mit unserem Instrumentar fassen können. Wir unterscheiden zwischen Beliebigkeit, absoluter Verbindlichkeit (im Sinne von Naturrecht und Torah, d. h. Sünde im Falle der Nichtbeachtung), Kann-Bestimmung, Soll-Bestimmung. Und wir bemerken angesichts der Zeugnisse, dass keine dieser Schubladen angemessen ist. Aber es bleibt die drängende Frage: Wie verbindlich soll der Zölibat sein?

Ich habe nicht absichtslos auf die Reklusen und die Eremiten verwiesen. In einer Ausbildung zum „Großstadteremiten" und Märtyrer – was sollte man da anderes lernen als: „Ich sage zum Herrn, mein Gott bist du; mein ganzes Glück bist du allein." Kein Mensch, insbesondere kein Laie, hat das Recht, hier etwas zu ermäßigen.

Jesus selbst sagt in Mt 19,12, dass es sich um ein Geheimnis handelt. Schon um dieses Geheimnis zu verstehen, wie dann erst recht, wenn man es lebenslang praktizieren will, braucht man Gottes Gnade. Es geht daher nicht zuerst um eine juristische Frage, die man nach Art der Juristen bürokratisch abhandeln könnte. Wer ermäßigt und auf den Zölibat offiziell verzichtet, profaniert etwas, macht etwas zur Sache von Lust, Beliebigkeit oder zu einem Fall für Mauerblümchen, was für Jesus heiliges Geheimnis war.

Gnade, Wille und Können müssten hier zusammenkommen; dazu vor allem eine Gemeinde, die um dieses Geheimnis weiß und es schützt. Gesetzt den Fall, die römische Kirche höbe den Zölibat auf, wofür viele kämpfen, dann würde sie etwas für beliebig erklären, was doch mit Jesu Weg, mit Kirche und Gottesreich eng verknüpft ist. Dann wurde sie den letzten, freilich auch den gravierendsten Rest archaischen Verhältnisses zu Gott aufheben. Die Ehelosigkeit um des Himmels willen gehört zu den „Geheimnissen der Wüste", von denen Gertrud von Le Fort in ihren „Hymnen an die Kirche" spricht. Der Zölibatär verkündet mit seiner ganzen Existenz den überragenden, gerade das Kostbarste übersteigenden Wert des Reiches Gottes und der künftigen Kirche. Soll man darauf verzichten?

In welche Schublade also gehört der Zölibat? Er gehört in das Geheimnis der Berufung durch Gott, die wir für jeden Propheten und auch für die Geistlichen der Nachbarkonfessionen voraussetzen und erbitten. Der Zölibat der lateinischen Kirche kann insofern nur ein Prüfstein der Berufung sein. Wie ernst ist es euch? – Der weitere Lebensverlauf der meisten Geistlichen zeigt, dass ein solcher Prüfstein nicht sinnlos ist. Denn Überforderung gibt es ja nicht nur hier, sondern auch später fortwährend.

Gegner des Zölibats, auch solche unter den Geistlichen der Nachbarkonfession, argumentieren oft, der Zwang zum Zölibat sei nicht nur willkürlich, sondern auch eine abgefeimte Machtprobe. Die zölibatären Geistlichen würden an der Achillesferse jedes Mannes getroffen, matt gesetzt und seien dann, so entmutigt, leichter beherrschbar. Dagegen argumentiert dieses Buch: Zölibat ist nicht willkürlich angeordnet, sondern ein wesentlicher Teil der Botschaft selbst; ein besonderer Teil, weil er kaum theoretisch, sondern vor allem praktisch übermittelt wird – so wie der Apostel Paulus eben nicht als Professor, sondern als Nachahmer des Geschicks und Lebensstils Jesu vor uns tritt. Dieses Buch möchte vor allem zeigen, dass Zölibat ein nicht unwichtiger Teil der Botschaft ist. – Und was den Prüfstein anbelangt, so ist die Prüfung und Unterscheidung der Geister eine Notwendigkeit für die Kirche von Anfang an, die man ihr nun nicht verübeln kann (Vgl. dazu: Schlosser, Marianne [Hrsg.]: Die Gabe der Unterscheidung. Texte aus zwei Jahrtausenden, Würzburg 2008).

Die Frage wird leichter, wenn wir verstehen, dass der geistlich Ehelose eine Ganzheit darstellt, die eine Orientierung für alle Christen und für die ganze Welt darstellt. Im Medienzeitalter könnte man wenigstens diesen Punkt eigentlich begreifen.

VI. Menschliche Konsequenzen

Wie hat Jesus seinen Zölibat verkraftet?

Denn das war das Ziel klassischer Pädagogik: Nicht Lesemeister, sondern Lebemeister zu sein, der seine Botschaft verstehbar vorlebt.

Nach allem, was wir von Jesus wissen, war er dabei kein bleicher zölibatärer Neurotiker. Es gibt keinen Propheten in der ganzen Welt, der fröhlicher und lebensbejahender gewesen wäre als Jesus. In den Verzicht auf Ehe kann Jesus seine ganze Sehnsucht nach Zweisamkeit hineinlegen. Denn für das eine Ziel lebt er, für das erneuerte Israel, für die neue, himmlische Stadt. Im Verzicht auf das, das viele für das höchste Glück auf Erden halten (und manche mit Recht), lässt er nicht nur erkennen, wie ernst er es meint. Jesus selbst war der Meinung, dass seine Jünger dieses Zeichen brauchten, um glauben zu können.

Alleinsein

Die Umstände sind mir nicht unbekannt: Die schreiende Ödnis des Pfarrhauses, wahlweise das oft gar nicht einfache Leben „mit und neben" der Haushälterin, die für einen Intellektuellen geradezu beleidigende Einsamkeit in der Freizeit, die Ersatzbefriedigungen und Hobbies, die die Leere füllen sollen.

Ist das alles nicht ein großes Missverständnis des Evangeliums? Hatte der Arzt und Jesuit nicht recht, der meinte, der Zölibat sei eine Idiotenfabrik, ein Biotop, an dem Idioten hergestellt würden und leicht entstehen könnten?

Was soll das denn für eine Liebe sein, die der einsame Priester leben könnte? Wen oder was soll er denn da lieben, abgeschnitten von mitmenschlicher Liebe? – Viele Priester haben dann nur ihre Mütter, und immer wenn solche Priester dann begeistert davon erzählen, „Mutter" komme sie besuchen, wird mir etwas mulmig zumute. Vielleicht bin ich durch Vulgärpsychologie schon zu stark verbildet, um solche Äußerungen naiv aufzunehmen. In der Schweiz kannte man vor Zeiten (und stellenweise heute noch) Ersatzmütter für Priester, d. h. außer der eigenen Mutter solle der Priester auch eine andere verheiratete ältere Frau kennen und hin und wieder sehen, die ihm die Fixierung auf die eigene leibliche Mutter gewissermaßen abnehmen sollte. Diese Institution zeigt nur, wie realistisch man über die entstehenden

Probleme wusste und dachte. – Gewiss ist die Mutterbindung das Problem jedes Jungen, aber beim zölibatären Priester gibt es sozusagen keine Lösung.

Mit Schwarz-Weiß-Lösungen ist hier genauso wenig zu erreichen wie mit billiger Aufklärung aus Büchern nach Art der „Kleriker" von E. Drewermann. Vielmehr gibt es hier stets ein Mehr oder Weniger.

Lehrer der Einsamkeit

Das „Problem" gerade des heutigen Zölibats ist weniger die Sexualität als vielmehr eher die Einsamkeit. Und die Einsamkeit ist kaum mit praktizierter Sexualität zu beheben.

Auch in klösterlichen Kommunitäten ist das Problem der Einsamkeit wohl bekannt. Es löst sich also auch nicht durch faktisches und enges Zusammenleben. Das gilt auch für die Ehe. Das Phänomen einsam nebeneinander lebender Eheleute ist zweifellos der Hauptgrund für ???

Insofern wird am Priester nur unverbrämt und ungeschützt sichtbar, was das Problem der meisten Menschen gerade der gegenwärtigen Zeit ist.

Deshalb ist im Folgenden davon zu handeln, welchen Beitrag der zölibatär lebende Priester zur Bewältigung des generellen Problems der Einsamkeit überhaupt liefert.

Ganz sicher entscheidet sich das Problem der Einsamkeit in der Seele jedes Einzelnen und jedenfalls nicht durch physisches Zusammensein.

Ein Hildesheimer Domherr des 18. Jahrhunderts hat in dem großen bischöflichen Waldgebiet Wohldenberg eine steinerne Inschrift hinterlassen: *Solitudo sola beatitudo* – „Einsamkeit allein ist Seligkeit". In der Einsamkeit schier endloser Wälder kann ein Mensch vielleicht durchaus glücklich sein.

Allein sein zu können ist eine Fähigkeit, die von den vielen allein Lebenden verlangt wird, warum auch immer sie allein leben. Es gibt das Heer der Singles, die Witwen und Witwer, die Menschen, die aus Krankheitsgründen allein sein müssen. Das Wort Mt 19,12 könnte auch für diesen Fall übersetzt werden: Es gibt Menschen, die von Natur aus allein leben müssen, es gibt solche, die aufgrund ihrer Biographie allein leben müssen oder wollen, eben die Singles.

Kehren wir noch einmal zu dem barocken Domherren zurück. Man muss auch allein leben *können*. Die vielen, die es müssen, werden immer von denen, die es können, zu lernen haben.

Erstens: Man muss selbst eine Ordnung für sich gefunden haben. Damit Tage, Jahre und Leben nicht einfach zerrinnen, braucht man Rhythmus und Regelmäßigkeiten. Für den Zölibatär (und eben nicht nur für ihn) ist dieses seit 2300 Jahren im Bereich biblischer Religion durch die täglichen Gebetszeiten geregelt. Sie geben eine Gliederung, die oft Anstrengung (häufig auch „gegen die Lust"), in allen Zeiten aber Halt bedeutet.

Zweitens: Man übt notwendige Fähigkeit zur Autarkie. Wer nicht zumindest notfalls für sich selbst sorgen kann, ist auch kaum fähig zu einer Gemeinschaft. Denn sonst wird er nur zum Versorgungsfall zu Lasten anderer. Für Gesundheit, Nahrung und Kleidung muss der Einsame selbst sorgen, und das zu können, ist für die Gemeinschaft, welche auch immer er erstrebt, sinnvoll. Der geistliche Aspekt dieses Tuns sollte nicht unterschätzt werden. Denn Sorge für alle leiblichen Bedürfnisse ist immer mit Demut verbunden. (Weshalb Jesus den Jüngern nach Joh 13 die Füße wäscht). Der Einsame muss alle diese demütigenden Dinge selbst tun; daher gehört es im Kloster dazu, für die Reinheit der eigenen Zelle selbst verantwortlich zu sein. Man sagt immer: Zölibatär kann nur werden, wer auch heiraten könnte. Doch es gilt auch umgekehrt: Nur wer mit Gottes Hilfe auch allein leben könnte, kann auch heiraten.

Drittens: „Arzt, heile dich selbst!" Der Einsame könnte mit Kummer und Schmerz, Krankheit und Sterben (mit Gottes Hilfe) alleine fertig werden. Das zu können und darin zumindest geübt zu sein, das ist stets eine Anfrage an die eigenen geistigen und geistlichen Ressourcen. Auch hier gilt: wer das nicht kann, fällt anderen vielfältig zur Last. Ich möchte nicht dazu aufrufen, dass jeder allen Schmerz und Kummer „mit sich alleine abmachen muss". Ich weiß auch, was es bedeutet, den Schmerz zu halbieren, indem man andere teilhaben lässt. Aber es gibt nicht selten die Gelegenheit, dass der, der Kümmernis erfährt, eher die anderen trösten muss. In dieser Lage ist gerade der einsam Lebende öfter. Er muss daher zunächst mit dem eigenen Kummer und Schmerz fertig geworden sein.

Ein Hinweis auf diese Konstellation ist, dass dort, wo es in der Christenheit Wüstenväter und -mütter sowie andere Eremiten gab, gerade diese einsamen Menschen als Beistand und als Tröster aufgesucht wurden. Den Menschen also, die in ihrer Einsamkeit so etwas wie die Versuchungen des hl. Antonius ertragen mussten, die gegen Teufel und Dämonen ankämpfen wollten, ihnen traute man auch den Rat in allen Schmerzen und Schwierigkeiten des Lebens zu.

So gilt: Fragt nicht die Gestressten, sondern die Einsamen, fragt die, die wissen, wie man Anfechtung, Frustration und Leere aushält und überwindet. Die Einsamen sind, wenn es gut geht, Spezialisten im Umgang mit teuflischen Anfechtungen. Dass man sie fragt, verrät genauen Spürsinn für die Stellen, an denen es für den Menschen und seine Seele nun wirklich gefährlich wird. So ist es kein Zufall, dass der Pfarrer von Ars, der hl. Johannes M. Vianney, der mit geradezu archaischen Teufelserfahrungen kämpfte, zum ersten Beichtvater Frankreichs im 19. Jahrhundert wurde.

Viertens: Der Einsame könnte die Selbstbeherrschung lernen, die von innen kommt. Denn niemand kann sie ihm von außen her auferlegen, niemand wird kontrollieren.

Fünftens: Leere, Sinnlosigkeit, Mangel an jeglicher Perspektive, der Umgang mit dem „Nichts" sind die wahren, oft verborgenen Probleme vieler Menschen. Oft genug werden sie durch Arbeitswut überdeckt. Und man kann Familie nur gestalten, wenn auf dieser tieferen Ebene die Anfragen wenigstens im Ansatz beantwortet sind. Der Zölibatär steht diesen Problemen unverhüllt und leibhaftig Tag für Tag gegenüber. Er ist aufgerufen, die Antworten unausweichlich zu finden und sie für die anderen leibhaftig darzustellen. Gelingt dieses nicht, scheitert er, und der Schaden ist umso größer.

Sechstens: Viele Menschen, besonders Jugendliche, fallen, da sie keine Antwort auf Leere und Sinnlosigkeit erfahren, auf diverse Süchte. Das gibt es auch bei zölibatär Lebenden, die mit ihrer frei gewählten Einsamkeit nicht fertig werden (Alkohol, Nikotin). Aber wenn es gelingt, die Versuchung der Sucht zu überwinden, kann man anderen dazu helfen, diesen Weg zu finden. Die Sucht ist die Ersatzbefriedigung für nicht gefundenen Sinn schlechthin. Daher muss der geistlich ehelos Lebende diese Antwort finden und nahe zu den Menschen darstellen.

Siebtens: Jesus betet nie mit den Jüngern zusammen, sondern er geht (morgens) zum Beten allein in die Wüste. Der Einsame ist der Beter und umgekehrt. Unvermittelt, ungeschützt, ohne sich hinter dem Rükken (oder im Schoß) anderer verkriechen zu können, steht er Gott als einsamer Beter gegenüber. – Diese Situation des Betens wird zur Situation seines Lebens schlechthin. Der einsame Beter ist die Grundsituation des Menschen vor Gott. Viele der großen Heiligen, insbesondere denke ich an die Propheten, stehen sie vor uns und haben so Anteil an dem Dienst des einen Mittlers Jesus Christus. Der im wörtlichen Sinne Herausgerufene ist der Typus des Heiligen.

Nun gibt es die häufige Auskunft, alles Geschilderte ließe sich ebenso gut und vielleicht besser zu zweit (eben mit Ehepartner) bewältigen. Der Zölibat sei hier nicht hilfreich. Er verschärfe das Problem. Er sei nicht die Lösung, sondern oft das Problem selbst. Theologie und Kirche haben an dieser Stelle jede Abwertung von Ehe oder gar Ehepartner vermieden. Vielmehr wird gerade so deutlich: Das Problem ist nicht die Sexualität; deren Ordnung oder Unordnung, als sinnvoll erlebter oder abbrechender Vollzug ist nur je symptomatisch für etwas, das nicht primär den Umgang mit dem anderen Geschlecht, sondern zuvörderst den Umgang mit Gott, mit sich selbst und mit den Menschen überhaupt betrifft.

Resultat: Zölibat bedeutet Einsamkeit in einem sehr wichtigen Lebensbereich. Wer „damit fertig zu werden versucht", geht frontal und unausweichlich ein ganzes Bündel von Sinnfragen an, die jeden Menschen berühren und betreffen. Daher hat man auch die Einsamen stets als Beichtväter, Ratgeber und Lebensberater für zentrale Fragen aufgesucht, zum Beispiel die Reklusen. Die Auskunft, man könne keinen als Berater für das Leben aufsuchen, der selbst vom Leben und seinen Problemen nichts verstehe, greift viel zu kurz. Es ist wohl gerade umgekehrt: Gerade der geistlich Ehelose erlebt die wahren Probleme ungeschützt auf einer Ebene, die das Alltagsgeschehen transzendiert. Gerade dort, wo alle Beziehungen ihren Ursprung nehmen, im eigenen Herzen, sind alle wichtigen Fragen zu klären.

Der prophetische Außenseiter galt stets als der wahre Weise.

VII. Praktische Aspekte

Zur Zukunft des Priesterberufs

Oft stoße ich auf Priester, die wegen der Zustände der Kirche am Ende ihrer Kräfte sind. Vor allem leiden sie unter dem erkennbaren „Verfall des Priesterberufs“ (P. Müller-Goldkuhle, Anzeiger für die Seelsorge 12/2006): „Kernproblem ist die erschreckende Wirklichkeit des beruflichen Alltags der Seelsorgspriester“. Vor allem ist nach meinem Eindruck ein Priesterbild abhanden gekommen, das noch anziehend sein könnte, denn bis auf das Sprechen der Konsekrationsworte und die Absolution bei der Beichte sei fast alles auf Laiengremien übergegangen, könnte man denken. Das Ausgebranntsein wäre nicht entfernt so schlimm, wenn man wüsste, wozu man da ist. Ein Priester schrieb mir in diesen Tagen, er habe es satt, vertröstet zu werden. – Auch ein Fachexeget kann nur feststellen, dass in dieser historischen Situation Priestersein dreimal so schwer ist wie vor 50 Jahren. Der Priester muss mit seiner ganzen Existenz alle evangelischen Räte auf einmal darstellen, in großer Einsamkeit und allein auf sich gestellt, ohne Zeit, sich geistlich oder theologisch zu erholen oder fortzubilden. Auch ein Professor kann das nur stellvertretend tun oder anbieten, aneignen müssten es schon die Priester selbst. Dass sie dazu keine Zeit haben, ist mir deutlich. Dass unter dieser Situation auch die Kirche im Ganzen schwer zu leiden hat, ist auch klar. Auf Dauer wird der katholische Glaube aus diesem Grund in unserem Land erheblich zurückgehen. Mit Vertretern der katholischen Kirche rechnen die anderen Konfessionen „wegen Priestermangel“ oft schon gar nicht mehr.

Hat das Priesterbild Zukunft? Und wenn ja: Welches?

Keine Aussage zu dieser Frage darf auf Kosten der Christlichkeit oder der Christusverbundenheit von Laien überhaupt oder kirchlichen Mitarbeitern im Besonderen gehen. Diese dürfen nicht abgewertet werden.

Der Priester ist als Priester nicht näher zu Gott. Häufig hören wir diese Unterstellung von unseren evangelischen Freunden. Der Priester soll näher zu den Menschen sein. Er soll ein Zeichen für die Menschen sein.

Die verbreitete Rede vom allgemeinen Priestertum hat zur Verunklarung des Priesterberufs geführt. Beides hat gar nichts miteinander zu tun. Denn das allgemeine Priestertum gibt es in der Bibel nur als „Könige und Priester“ und das ist eine bildliche Bezeichnung ganz Israels im Unterschied zu den Heiden. Im Hebr steht dort das Wort „kohen“ bzw.

griech. hiereus – antike Tempelpriester. Das kath. Weihepriestertum dagegen kommt von presbyteros, und das sind geweihte Älteste.

Die Unklarheit über die Rolle des Priesters hängt direkt zusammen mit der Unsicherheit in der Rolle Jesu Christi. Ist Jesus wirklich Mitte und Haupt der Kirche? Was würde sich ändern, wenn Jesus das nicht wäre? Der katholische Priester ist und war im Wesentlichen Abbild seines Herrn. – Auch die Unsicherheiten bezüglich des Frauenpriestertums sind nicht nur Symptome einer Krise, dass man auch sonst nicht mehr zwischen Frau und Mann unterscheiden kann (seitdem die Rolle der Frau als Mutter ausfällt), es ist auch eine christologische Krise.

Askese ist nicht Undankbarkeit gegenüber dem Schöpfer, sondern Ankündigung dessen, dass es mehr gibt als Familie und Nachkommen, nämlich zweite, neue Schöpfung.

Wenn es zutrifft, dass Zölibat der sozialste Beruf ist, den es gibt, weil hier einer zum Zeichen für alle wird, dann hängt das auch mit der Dimension des Opfers zusammen. Denn Verzicht zur Ehre Gottes und zugunsten der Menschen nennt man im Sinne der Bibel Opfer. Das ist nichts Sinnloses, sondern jede sichtbare Anerkennung Gottes. Das Lebensopfer des Priesters verhält sich zum Opfer Christi wie der Wassertropfen im Wein. Zu lange wurde nur das stellvertretende Opfer Christi betont, mit der Konsequenz, dass die Christen meinten, eine leidensfreie Existenz führen zu können.

Im Folgenden werden wir nochmals den Zölibat in vergleichbar radikale Ansätze des Neuen Testaments hineinstellen und dieses im Blick auf die Zukunft des Priesteramts bedenken. Das sind die Kategorien „Heiligkeit“ und „Martyrium“.

Heiligkeit

Welche Zeiten der Kirchengeschichte waren eigentlich nicht schwierig? In allen Zeiten kam es nur auf eines an: Wir brauchen Heilige. Die Situation der Priester lässt keine andere Wahl als den einen Ausweg: Heiligkeit. Zeiten, in denen es der Kirche schlecht geht, zwingen zur Konzentration auf das Äußerste. –

Die Dimension des Heiligen vor allem ist in den letzten 40 Jahren in der Kirche verloren gegangen. Man sieht es an vielen Einzelheiten der Messfeier: Kommunionausteiler im Straßenanzug, Platzierung der Tabernakel in einer Seitennische, Verlust der Kniebeuge. – Bei Priestern: Verzicht auf Priesterkleidung, „um den Leuten näher zu sein“. Heiligkeit meint gerade die Distanz.

Mit dem Verzicht auf sinnfällige Darstellung der Heiligkeit verschwindet das Berufsmerkmal Radikalität. In Weish 2 wird über den verfolgten Gerechten vonseiten seiner Gegner gesagt: „Schon sein bloßer Anblick machte uns ein schlechtes Gewissen“. Wenn man das positiv umdreht, könnte man sagen: Der Anblick des Zölibatärs soll sicherlich nicht ein schlechtes Gewissen machen, aber er soll erinnern an Sinn und Ziel, an die bleibend nur unvollständig erfüllte Sehnsucht der Menschen, der Verheirateten und der geistlich ehelos Lebenden.

Der Priester ist dazu berufen, im umfassenden Sinn ein lebendiges Stück Anschauung für christliche Existenz zu sein (ich rede absichtlich nicht von Vorbild), ähnlich wie es gegenüber den sesshaften Christen des Anfangs (die es immer gab), die wandernde Boten des Glaubens waren. Der Priester ist im besonderen Sinn der Erbe der Wandercharismatiker des Anfangs. Dabei ist das Wandern nicht unbedingt wörtlich zu nehmen. Das ist übrigens eine Antwort darauf, warum in den drei ersten Evangelien die Wandercharismatiker, die „alles aufgaben“, in der Nähe Jesu dargestellt werden – und nicht die sesshaften Christen, die es zur Zeit der Evangelisten jedenfalls sicher auch schon gab, allein schon deshalb, weil jemand die wandernden Glaubensboten aufnehmen und verpflegen musste. Nein, diese alltäglicheren Christen werden kaum erwähnt. Die Apostel in der Nachfolge Jesu waren das Bild, das Orientierung gab. Insofern verstehen die Evangelisten sehr viel von medialer Vermittlung.

Martyrium

Der geistlich ehelos Lebende steht mit einem sehr erheblichen Teil seines Lebens für die Botschaft ein, die er verkündet.

Paulus spricht in den Peristasenkatalogen seiner Briefe, d. h. dort, wo er schildert, was ihm alles angetan wird oder widerfährt, wesentlich von seinem eigenen Amt. Damit leistet er einen wichtigen Beitrag zur Frage, ob Kirche und apostolisches Amt als Vermittlung zur Erlösung und Versöhnung notwendig seien. In der protestantischen Theologie herrscht gegenwärtig tendenziell die Meinung, diese Mittlerschaft sei unnötig, ja ihre Annahme gefährlich. Immer wieder wird die Meinung vertreten, bei den Katholiken schiebe sich „die Kirche" ohne Recht zwischen Gott und Menschen. Es genüge allein der Glaube an Gottes Heilswirken. Doch hier in 2 Kor 5 heißt es ausdrücklich: „So stehe ich als Gesandter im Dienst Jesu, des Messias. Es ist, wie wenn Gott durch mich die Menschen dazu auffordert: Lasst euch mit mir versöhnen. Darum bitte ich euch anstelle Jesu Christi." – Und in 6,1 wird Paulus fortfahren: „Als Apostel wirke ich mit Jesus zusammen und fordere euch auf: Lasst Gottes Gnadengeschenk nicht vergebens sein." So kann man sagen: Ohne Jesus keine Erlösung, doch ohne den Apostel gelangt sie nicht zu den Menschen; der Apostel steht dabei für die „Kirche". Jeder Versuch, das eine gegeneinander auszuspielen, ist absurd. Beides kann nur zugleich gewollt sein. Denn die herrlichste Erlösung könnte umsonst sein, wenn sie nicht durch den Dienst des Apostels angenommen und zur umfassenden Versöhnung wird. Denn eine Erlösung, die nicht zu den Menschen gelangen kann, ist nicht vorstellbar, weil sie angenommen werden muss. Denn wir werden zwar ohne unsere Zustimmung geschaffen und geboren, aber nicht ohne Zustimmung erlöst und versöhnt. Das heißt: Der apostolische Dienst ist wirklich im umfassenden Sinne notwendig. Es ist freilich „Dienst“, der Apostel oder die Kirche leistet ihn nicht zur Selbstverherrlichung.

Meine priesterlichen Freunde, besonders die in Norddeutschland, schildern nicht nur immer wieder, wie sie aufgerieben werden, weil sie nur noch so wenige sind, sie sind im strengen Sinne auch physisch die Opfer ihres Berufes, wovon dann die allzu früh eintreffenden Todesanzeigen sprechen. Diese Priester sind die Ersten unter den Opfern, die die Orientierung einer ganzen Gesellschaft „am Evangelium vorbei“ fordert. Weder Schule noch Familien noch Medien fördern oder fordern die priesterliche Existenz.

Es ist, als müssten die wenigen verbliebenen Priester durch ihr Verschlissenwerden für die umfassende Libertinage der gesamten westlichen Gesellschaft sehr konkret büßen und all das an ihrem Leib ertragen, was die anderen sich an Luxus und Unrecht, an gewollter Kinderlosigkeit und Ausbeutung leisten. Man sollte der Gesellschaft sagen, wer zuallererst die Zeche für die Laxheit aller zu zahlen hat. Der Priesterberuf ist eine konkrete Märtyrerexistenz, darauf sollte man die Kandidaten vorbreiten.

Und das ist nochmals eine Frage der Liebe, wenn auch in deutlich mit Bitterkeit angereichertem Sinn. Aber es bleibt kein Weg als dieser: In einer Ausbildung zum „Großstadteremiten“ und Märtyrer – was sollte man da anderes lernen als: „Ich sage zum Herrn, mein

Gott bist du; mein ganzes Glück bist du allein." Kein Mensch, insbesondere kein Laie, hat das Recht, hier etwas zu ermäßigen.

R. Schneiders „Nur den Betern kann es noch gelingen" müsste abgewandelt lauten: Ohne heiligmäßige Priester geht die Kirche zu Boden.

Herr, unser Gott, du hast uns in eine Zeit gestellt, in der das reine und konsequente Zeugnis großer Liebe zu dir und den Menschen immer schwieriger wird. Viele Priester können nicht mehr wissen, wozu sie da sind, und sie werden zur Selbstausbeutung gezwungen. Lenke den Blick der gesamten Christenheit auf den Apostel Paulus und auf viele andere Zeugen großer Liebe zu dir. Die Situation in deiner Kirche läuft immer mehr auf Menschen zu, die alles geben und in einem Maße lieben müssen, das jedes menschliche Können und Maß übersteigt. Schenke deinen Priestern alle Charismen, die du zu vergeben hast, sende ihnen alle Engel zur Begleitung, stärke sie dauerhaft, lass sie zu Heiligen werden. Lenke ihre Blicke auf die Menschen, die ihren Dienst dringend benötigen. Lass sie nicht an ihren überforderten Amtsleitern, Vorgesetzten und Bischöfen Ärgernis nehmen. Wirke du das Wunder deiner Liebe an ihren ausgebrannten Seelen. Nie war es klarer als jetzt, dass nur je und je große Liebe deine Kirche retten und mit neuem Leben erfüllen kann. Nur den großen Liebenden kann das noch gelingen. Wir bitten dich inständig: Wirke dieses Wunder eines neuen geistlichen Frühlings in unserer Zeit. Amen.

Nur für Mönche?

Nun steht der Einwand im Raum, das Dargestellte möge für Ordensgeistliche gelten, aber nicht für Weltpriester. Dagegen: Jesus lebt mit seinem Zölibat nicht im Kloster, sondern unter den Menschen, zu denen er redet und mit denen er feiert. Der Grund ist ganz einfach: Gerade im Kontrast zu den normal Verehelichten kommt der Zeichencharakter seiner Existenz erst richtig zur Geltung. Im Unterschied zu Eheleuten wird das Zeichen greifbar, dort wird es gebraucht, und zwar als lebendiger Hinweis auf die absolute Vorherrschaft der Hoffnung in der Botschaft Jesu. Dieses ist auch der Grund dafür, dass diese Tradition in den letzten Jahrhunderten nie richtig entdeckt wurde: Weil die kirchliche Verkündigung zu wenig vom kommenden Reich und zu viel von Tagespolitik erfüllt war. Und nochmals: Es geht um eine Rede von der Zukunft, die an einem überwältigend positiven Bild ausgerichtet ist, an der künftigen Hochzeitsfeier. Das könnte Auswirkungen auf die Theologie im Ganzen haben. Verzagtheit und Kleinkariertheit kommen daher, dass man immer Angst hat, als reaktionär im Sinne der Orientierung an der Vergangenheit zu gelten. Noch schlimmer ist es, nur an das Heute zu denken. Es fehlen die kühnen Entwürfe, zum Beispiel als Geschichtstheologie. Darin lässt sich der Zölibat ganz anders einordnen als in der Beschränkung auf das, was heute modern ist. – Also Zölibat gerade deshalb, weil Verkündigung grundsätzlich zukunftsorientiert sein soll, wenn sie

Jesus treu bleibt. Und weil Zölibat ein gelebtes Zeichen der Botschaft ist: Seit wann ist der Weltpriester in Differenz zum Ordenspriester nicht dazu berufen, Zeichen zu sein?

Im Übrigen bin ich der Meinung, dass die säuberliche Trennung zwischen Welt- und Ordenspriester nicht immer angebracht ist. Nicht wenige junge Theologen haben Angst vor dem kleinstbürgerlichen Milieu vieler Pfarrhäuser, die häufig in den fünfziger Jahren des vorigen Jahrhunderts stecken geblieben sind. Oft sind Pfarrwohnungen eine Kombination aus Kloster und Kleine-Leute-Milieu, wobei die Nachteile sich treffen und ergänzen. Manche Klöster praktizieren das so: Ab Laudes bis kurz vor der Vesper Seelsorger; abends, nachts und morgens Mönch. Die Isolation und Zerrissenheit der Weltgeistlichen wäre so durch die beschützende Heimat Kloster aufgehoben. Ich verstehe diese Argumente nicht in erster Linie praktisch, sondern gehe aus von den Nöten und Zwängen Not leidender Priester.

Denn der Weltgeistliche kann den Zölibat auch begreifen als Faktor der Verkündigung. Wenn deutlich wird, dass man so lebt, um an Jesus zu erinnern. Zölibat ist nicht ein asketisches Mittel zur Bekämpfung der Triebe oder eine Verurteilung zu trostloser Einsamkeit mit Pfarrhausbewohnern vor dem Fernseher. Ich meine nicht neue Zwänge, sondern ein ungebrochenes, in sich stimmiges Zeichen. Der zölibatär lebende Priester ist freigestellt zur glaubwürdigen Demonstration der großen Liebe. Und damit niemand Angst bekommt: Man bemerkt sie nur an Kleinigkeiten, wie jede Liebe.

Überforderung

These: Der Priester rückt mehr und mehr als das Paradigma des christlichen Menschenbildes in den Vordergrund. Er ist der Berufschrist, bei dem diese oder jene Seite des Christseins so stark in den Vordergrund tritt, dass sie Richtung und Orientierung für die anderen bedeutet. Das ist die antike Pädagogik des Beispiels. *„Verba docent, exempla trahunt"* (Worte belehren nur, Vorbilder und Beispiele ziehen).

Das gilt zum Beispiel für die paulinische Charismenlehre. Jeder hat zumindest ein Charisma, das Reklame für Gott bedeutet. Der Priester zeigt, wie man sein Charisma findet und zur Existenz „ausbaut". Der Priester der Zukunft ist daher weniger Funktionär oder Manager oder Verwaltungsfachmann, sondern vor allem Charismatiker. Das gilt auch und gerade für die Fälle, in denen er an seine Grenzen kommt und mit seinen Grenzen umgeht.

„Herr, unser Gott, du berufst, wen du willst und wozu du willst. Denn du hast etwas vor mit jedem Einzelnen und mit jeder Einzelnen von uns. Gib mir ein Zeichen, damit ich erkenne, was du von mir willst. Ich vertraue darauf, dass das, was du von mir willst, erkennbar wird an meiner Vorliebe, an dem, was ich am meisten liebe. Denn auch sonst steht ja die Liebe unter allem, was es gibt, dir am nächsten.

Lass mich auf der Suche nach meiner Vorliebe nicht sparsam und geizig sein, also nicht den Weg des geringsten Widerstands suchen.

Lass mich vielmehr den Weg finden, der Mut erfordert, der Lust zum Wagnis in der Dunkelheit ist. Denn ich sehe, dass viele so unglücklich sind, weil sie nie über ihren Schatten springen, weil sie sich selbst einmauern in ihren alltäglichen vier Wänden. Lass mich das Wagnis nicht fürchten und deine Hand ergreifen. Wenn ich nicht weiterkomme, wenn mir das Wasser bis zum Hals steht.

Ich ahne, dass das Evangelium uns alle überfordert, jeden Einzelnen. Doch wenn ich an meine Grenzen komme, spüre ich dich stärker. Es sind die Grenzen des Schmerzes und der Freude. Wenn wir nicht mehr können vor Schmerz und wenn wir uns nicht einkriegen vor Seligkeit. Dann bist du ganz nahe. An der Grenze des Schmerzes sehen wir dich als den Gekreuzigten vor uns. An den Grenzen der Freude denken wir an den Sieg selbst über den Tod am Ostermorgen. Führe uns, Herr, durch Ungewissheit und Wagnis an unsere Grenzen. Sei du dann unsere Stütze und reiner Jubel in unserem Herzen. Dass wir so oder so deine Zeugen werden, du unfassbarer, wunderbarer Gott. Amen.“

„Kurz vor dem Aus" – Brief an einen Priester, der den Zölibat aufkündigen will

Lieber Freund,
nun ist auch Ihnen passiert, was mit so vielen zuvor geschehen ist. Fünfzehn Jahre nach der Weihe haben Sie sich in eine wunderbare Frau verliebt. Und Sie sind ganz erfüllt davon.

Lassen Sie mich Ihnen versichern, dass ich Ihre Gefühle respektiere. Denn diese gehören zum Schönsten, was einem Menschen überhaupt geschehen kann. Vergessen Sie bitte nicht bei allem Kritischem, was ich Ihnen jetzt sage, dass es aus meiner Sicht um Ihre Würde, um Intimstes, Persönlichstes und daher auch um einen besonderen Ausdruck Ihrer Freiheit geht, die Ihnen niemand nehmen kann, für die Sie aber auch voll verantwortlich sind.

Bitte, ertragen Sie auch meine Ehrlichkeit. Denn ich werde nicht wie die Katze um den heißen Brei schleichen.

Oft hat eine Situation wie die, in die Sie nun geraten sind, ihre Vorgeschichte (Enttäuschungen mit der kirchlichen Hierarchie und wackelige Positionen im Credo), oft auch nicht. Wenn es eine Vorgeschichte gibt, werden daraus jetzt Argumente. Und wenn es Sie plötzlich getroffen hat, dann sind jetzt Argumente wohlfeil. – Viele, die in Ihrer Situation waren, haben mir klipp und klar erklärt, dass sie ohne die Zärtlichkeit der Zweisamkeit nicht mehr werden auskommen können. Alles andere, wie Messelesen und Gemeindearbeit (mit entsprechendem Ansehen), Beichtehören und Liturgie der Sakramente, erscheint nur noch als zweitrangig und als nicht ausreichend faszinierend. Glauben Sie mir, dass ich, der ich nie eine Weihe empfangen habe, das alles an mir und anderen erlebt habe. Und nichts verächtlich mache.

Da selbst mit moralischen Appellen hier nichts zu machen ist, bleibe ich dabei, dass es sich in beiden Fällen, bei der geistlichen Ehelosigkeit wie bei der Liebe zu Ihrer Freundin, um Fälle von Liebe handelt.

Um Ihnen beizustehen, schildere ich Ihnen einfach einen anderen, bekannten, etwas weiter zurückliegenden Fall. Es ist schon merkwürdig, wie groß die Zahl der Männer ist, die am Anfang unseres Glaubens zölibatär lebten: Johannes der Täufer, Jesus, der Herrenbruder Jakobus, Paulus, der Seher Johannes. Nur von Petrus wissen wir, dass er verheiratet war. Von allen anderen ist nichts bekannt. So frage ich mich angesichts des Zölibatärs Paulus: Was liebte der Apostel Paulus?

Man kann Paulus am besten verstehen, wenn man sich vor Augen stellt, was er liebte, man kann also gewissermaßen seinen *Ordo amoris* (Stufenordnung der Liebe) rekonstruieren und dann sehen, wo sein Herz schlägt.

Am allermeisten liebt Paulus sein Volk. In leidenschaftlichen Ausbrüchen sagt er das völlig überzeugend Röm 9,1-4: „Glaubt mir, ich meine es wirklich so und kann es guten Gewissens beteuern: Der Heilige Geist lässt mir keine Ruhe, euch zu sagen, dass mein

Volk mich mit tiefer Trauer und großem Schmerz erfüllt. Ich würde es sogar auf mich nehmen, von unserem Messias getrennt und fern zu sein, wenn ich dadurch meinen jüdischen Geschwistern helfen könnte. Sie gehören doch zu mir und sind durch den Ehrennamen Israeliten ausgezeichnet. Sie sind die Kinder Gottes..." Und ferner Röm 11,1f.: „Hat also Gott sein Volk verstoßen? Keineswegs. Ich selbst bin ein lebendes Beispiel dafür, dass das nicht so ist: Ich bin Israelit, Kind Abrahams, aus dem Stamm Benjamin. Gott hat sein Volk nicht verstoßen; er hat es doch schon seit jeher als sein Volk gewollt." Und ferner Röm 11,14f.: „Meine jüdischen Geschwister will ich zum Protest herausfordern, um sie zum Nachdenken zu bringen, vielleicht kann ich ja einige von ihnen retten. Dass jetzt die meisten Juden verstoßen wurden, hat der nichtjüdischen Welt die Versöhnung gebracht. Wenn aber am Ende diese Juden wieder angenommen werde, wird es für alle das Fest der Auferstehung sein." (Übersetzung Berger/Nord)

Paulus wurde und wird oft als der Renegat dargestellt, der statt seines Volkes nun den Messias liebe. Eher ist das Gegenteil der Fall. Man hätte nur wünschen mögen, dass die antijüdischen Paulusausleger vergangener Jahrhunderte davon etwas verstanden hätten.

Kann man eigentlich sagen, dass Paulus Jesus liebt? Er wagt es nicht zu sagen, denn Jesus ist der Herr, und Paulus versteht sich als Sklaven. Nein, anders als viele moderne fromme Leute kann Paulus nicht sagen „Ich liebe Jesus". Paulus ist ein Parteisoldat Jesu Christi, des erhöhten Königs. Und wie man an 2 Kor 10,1-6 zeigen kann, empfindet er sich bisweilen als Feldherr dieses Königs, der im Gebrauch der geistlichen und psychologischen Waffen nicht zimperlich, sondern sehr erfolgsorientiert ist. Das Verhältnis zu diesem Herrn und König könnte enger nicht sein, aber es heißt nicht Liebe.

Paulus liebt den Himmel, er sehnt sich danach. Wo immer er auf das zu sprechen kommt, dem er mit großen Erwartungen entgegen- geht, redet er in der Sprache der Sehnsucht. Wie kann man den Himmel lieben, ohne die Menschen zu verachten? Wir würden fragen: Den Himmel lieben, ohne die Erde zu verachten? Paulus ist ein Märtyrer, Zeit seines Lebens umgeben von höhnischen Feinden und heimgesucht von körperlichen Leiden und Peinigungen. Am besten versteht man ihn, wenn man D. Bonhoeffers letztes Wort hört, als er zur Hinrichtung abgeführt wurde: „Dies ist das Ende, für mich der Beginn des Lebens."

Paulus liebt seine Gemeinden, besonders die in Korinth. Er nennt sich Vater oder eine Mutter, die Schmerzen hat um ihr Kind (Gal 4,19). – Weil er seine Gemeinde in Korinth liebt, kann er es nicht begreifen, dass diese nun von ihm Empfehlungsbriefe sehen will, die ihm seine Unbedenklichkeit bescheinigen (2 Kor 3,1-3). Statt sich um solche Briefe zu bemühen, sagt er daher: Dabei brauche ich doch im Unterschied zu anderen weder für euch noch von euch ein Empfehlungsschreiben. Mein Empfehlungsbrief seid einfach ihr selbst, denn da ich euch liebe, seid ihr in mein Herz geschrieben, und das ist ein Brief, den alle erkennen und lesen können. Dieser Brief ist von Jesus Christus verfasst, und ich bin nur der Überbringer. (2 Kor 3,1-3). In den – wohl nicht von Paulus selbst verfassten – Pastoralbriefen spricht er von Timotheus als seinem geliebten Kind. Auch das ist sicher keine Floskel.

Was Paulus am meisten hasst: Menschen, die die Freiheit des Evangeliums rückgängig machen, indem sie Heidenchristen beschneiden wollen. In Gal 1,8f. gebraucht er deshalb die schärfsten Ausdrücke gegen Menschen: „Doch verflucht sei jeder, der euch ein anderes Evangelium bringen möchte als das, welches ich euch verkündet habe. Gott soll ihn richten. So ein Fluch würde jeden treffen, der so verdrehtes Zeug redete, auch mich oder selbst einen Engel vom Himmel. Noch einmal: Wer euch ein anderes Evangelium verkündet, den trifft Gottes Fluch." – Nicht weniger hasst Paulus die Eindringlinge in Korinth, die er in 2 Kor 11,13-15 so beschreibt: „Ich halte sie für Falschapostel und Lügenmissionare, die in das Gewand christlicher Apostel geschlüpft sind. Das war zu erwarten: Da sich selbst Satan als Engel des Lichts verkleidet, liegt es nahe, dass sich seine Handlanger zum Schein in Engel der Gerechtigkeit verwandeln können. Aber weil ihre Werke tot sind, wird so auch ihr Ende sein." – Gerade weil eine inhaltliche Auseinandersetzung fehlt, der Standort dieser Gegner also wohl nahe bei Paulus lag, ist der Hass umso größer – weil diese „Apostel" in die eigene Gründung eingedrungen sind. – Die Kehrseite der mütterlichen oder väterlichen Liebe des heiligen Paulus zu Gemeinden ist daher offensichtlich seine Eifersucht.

Aus 2 Kor 3,1-3 könnte man einen Brief rekonstruieren, den Paulus mutmaßlich zum Thema „Ich liebe meine Gemeinde" an die Korinther geschrieben hätte. Dieser Brief könnte dann heute etwa folgende Gestalt haben:

Liebe Korinther!

Könnt ihr euch wirklich das Herz eines Lehrers, eines Seelsorgers vorstellen? Manchmal denke ich, das kann nur der, der selbst geistliche Kinder hat und der weiß, was Elternschaft gegenüber einer Gemeinde bedeutet. Es ist etwas wie zwischen Mutter oder Vater und Kindern. Deshalb kann ich sagen: „Ihr seid doch meine Kinder, und wie eine Mutter liege ich noch einmal in schmerzhaften Wehen, so lange bis Christus in euch Gestalt gewinnt" (Gal 4,19). Denn ich habe euch auf den ersten Schritten eures Weges zu Christus begleitet. Es fing an mit Stephanas und seiner Familie, dann kam Chloe und ihr Haus dazu. Zuerst reichte noch das große Speisezimmer ihres Hauses für unsere Gemeindezusammenkünfte aus. Bis dann die Christen zahlreicher wurden. Aber natürlich habe ich jeden Einzelnen auf seinem Weg zu Christus vorbereitet. Ich habe in jedem einzelnen Fall miterlebt, wie euch buchstäblich ein Licht aufging. Wie sich eure Augen veränderten und Fröhlichkeit und Freiheit ausstrahlten. Jeder Weg ist anders gewesen, und das alles weiß ich noch haargenau, als wäre es gestern. Und so ist es auch, wenn ich Leute aus eurer Gemeinde treffe; es ist immer, als hätte ich euch gestern zuletzt vor Augen gehabt. So wird man es später von jedem Pfarrer sagen, seine erste Gemeinde sei wie seine erste Liebe. Ihr seid meine zweite Liebe (nach Thessalonike), aber nicht weniger intensiv in mein Herz geschrieben. Jeder hat seine eigene Glaubensgeschichte und sein eigenes Glaubensprofil. Und für mich gab es nichts Schöneres, als jedem und jeder zur Freiheit zu verhelfen. Meine Vertrautheit mit euch geht so weit, dass ich ahnen kann, was wer auf welche Frage antworten wird. Ihr seid in mein Herz geschrieben, so wie Gott das von seinem Volk sagen kann: Ich habe euch auf die Innenseite meiner Hand geschrieben. So steht ihr mir ständig vor Augen.

Doch nun gibt es Liebeskummer um euch. Ich reagiere jedenfalls so emotional wie bei Liebeskummer. Denn plötzlich sind Leute von einer anderen christlichen Missionsgesellschaft bei euch in Korinth aufgetaucht, Leute, die ganz anders sind als ich – wirklich ganz anders. Diese Missionare, die unter euch leider sofort Anklang fanden, sagten, es müsse zunächst und vor allem seine Ordnung haben. Und sie zeigten fein säuberliche Formulare vor, später wird man diese Schriftstücke Zeugnisse nennen oder Bescheinigungen vom Seelsorgeamt oder Celebret. Die anderen Missionare nennen es „Empfehlungsbriefe“. Solche Empfehlungsbriefe sind nichts Böses, aber es ist klar, dass diese anderen Missionare sie brauchen. Sie wollen mit diesen Briefen bei euch gut ankommen. Das könnte ich noch verstehen, obwohl ich sagen muss: Allein ich bin euer Apostel, und da haben andere sogenannte Apostel bei euch gar nichts zu suchen. Das ist aber erst die eine Seite des Kummers.

Viel schlimmer ist, dass diese Leute, die so auf angebliche Korrektheit achten und die doch für ihre ärmliche Reputation auf Empfehlungsbriefe angewiesen sind, nun auch von mir fordern, ich solle endlich einmal Empfehlungsschreiben vorlegen. Entweder fordern sie es selbst von mir oder sie haben Einzelnen von euch eingeredet, ihr müsstet so etwas fordern. Das ist doch der Gipfel und blanker Hohn angesichts dessen, was ich bei euch getan und geschaffen habe. Ich habe bei euch zuallererst Christus verkündet, ohne mich wäret ihr noch Heiden. Seit Jahren gibt es eine blühende Gemeinde bei euch! Ich liebe euch wie eine Mutter ihre Kinder. Und da kommen Leute her und fordern offizielle korrekte Empfehlungsschreiben! Obwohl doch in jedem Schreiben ungefähr dasselbe darin steht!

Das ist doch ganz unpersönlich, und wie sollen irgendwelche außenstehenden Honoratioren etwas über mein Wirken in Korinth aussagen können! Das ist eine Beleidigung für alle meine persönlichen Mühen und für meine Liebe zu euch. Aber diesen Konflikt wird es öfter geben – zwischen einer Theologie des Herzens und einer formal nach der Etikette ausgerichteten Praxis, die doch oft nur über den Mangel an Substanz oder persönlicher Beziehung hinwegtäuschen will. Ich kann euch nur prophezeien, es wird eine Zeit geben, da wird man versuchen mit „Pastoralteams“ in „Pastoralverbünden“, „Seelsorgebereichen“ oder „Großpfarreien" kirchliches Leben zu organisieren. Alle Priester und pastoralen Mitarbeiter werden für den ganzen Bereich oder Verbund gleichermaßen zuständig sein. Ein persönliches Kennenlernen seiner „Pfarrkinder" wird es für den zuständigen „Pfarrer" nicht mehr geben müssen. Mich, Paulus, würde man als verpönten „Einzelkämpfer" und „Amtsmonopolisten" bezeichnen. Das herkömmliche Modell des Priesters als „Hirten und Leiter einer Pfarrgemeinde" wird nur noch für ein Museum der Pastoraltheologie infrage kommen. Es wird nicht mehr die klare Zuordnung eines Gläubigen zu seinem örtlichen Pfarrer geben und auch nicht die Zuordnung des Pfarrers zu seiner konkreten Gemeinde. An die Stelle der personalen Verbindung zu einem eigenen Hirten und Seelsorger wird nun das rotierende Pastoralteam treten, zu dem der Kontakt allein durch die Bürostunden der jeweiligen Sekretariate geregelt wird. An die Stelle berufener Hirten werden bezahlte und in moderner Bürokratie geschulte Mietlinge treten. Niemand wird wissen, wer eigentlich der zuständige Pfarrer und Seelsorger ist. Durch die „verbindliche Kooperation" wird das Amt des Pfarrers zu einem rein funktionalen Verständnis degenerieren. Die seelsorgerlichen Verpflichtungen des Pfarrers werden auf das anonyme Pastoralteam übertragen werden.

Ich bin mit meinem Brief an Euch, liebe Korinther, der Erste, der mit der ganzen Leidenschaft des Herzens für das unersetzliche persönliche Verhältnis des Hirten zu seinen Gläubigen kämpft. Denn ich betrachte meinen Beruf als ein Wirken, das in jeder

Hinsicht und mit jeder Faser des Herzens an Jesus erinnert. An mir selbst, an meinem eigenen Lieben, Leiden und Gerettetwerden könnt ihr ablesen, was das Evangelium ist. Deshalb habe ich euch relativ wenig über Jesu Wirken auf Erden erzählt. An mir persönlich könnt Ihr am besten studieren, was das Evangelium von Jesus Christus bedeutet. Eben deshalb, wegen der Unersetzbarkeit des persönlichen Glaubenszeugnisses ist die mütterliche oder väterliche Beziehung des Seelsorgers zu seiner Gemeinde unabdingbar. Ja, ich bekenne mich dazu, ein Amtsmonopolist zu sein. Denn weil es den einen Herrn und Gott gibt, kann es auch nur den einen Apostel für jede Gemeinde geben. Und dieses Verhältnis 1:1 kann im Glücksfall Liebe genannt werden.

Deshalb kann ich euch schreiben: „Mein Empfehlungsbrief seid einfach ihr selbst, denn da ich euch liebe, seid ihr in mein Herz geschrieben, und das ist der Brief, den alle erkennen und lesen können. Dieser Brief ist von Jesus Christus verfasst, und ich bin nur der Überbringer...“. Darauf lege ich Wert: Ihr seid nicht mein Produkt und nicht mein „Fan-Club“. Jesus Christus ist der Herr, und er hat durch mich als sein Instrument gewirkt. Aber er hat mich persönlich berufen, und ich bin ihm persönlich verantwortlich. Wie oft wird Benedikt XVI. die unaufgebbare persönliche Verantwortung der Flucht der Mitglieder zeitgenössischer Gremien aus der Verantwortung gegenüberstellen. Jedes Gremium unterliegt dieser

Gefahr. Gewiss ist es „altmodisch", die persönliche Verantwortung des Einzelnen zu betonen. Aber eine jede Liebe ist in diesem Sinne altmodisch.

Man kann diese Eindrücke über die paulinische Herzensliebe mit einem altmodischen Wort zusammenfassen: Paulus war ein Patriot, und zwar war es ein heiliger Patriotismus, der ihn beseelte. Er liebte sein Volk als das heilige Volk Gottes; er liebte zum Beispiel die Gemeinde in Korinth als eine der Trägerinnen des Neuen Bundes, also als Teil des Gottesvolkes aus Juden und Heiden. Und er liebte die himmlische Heimat als sein wahres Vaterland, während er alles Erdendasein nur als Exil betrachtete. Paulus liebte also Volk und Heimat in einem ganz unkitschigen, ganz unschuldigen Sinn.

Was Ihnen, lieber Freund, dabei hilft, ist vielleicht dieses: Paulus lebt und liebt im Rahmen einer Verantwortung, die stets öffentlich ist. Er sieht sich in einem Stück Weltverantwortung. Für private Gefühle hatte er keine Zeit; so blieb er auch als großer Heiliger nur Fragment, ganz sicher. Aber er lebte aus dem Überfluss eines begnadeten Herzens. Man könnte ja fragen: Was hatte Paulus für eine Mutter? Kein Exeget hat je danach gefragt. Aber man kann nur lieben, wie Paulus liebt, wenn man am Anfang viel davon mitbekommen hat. Zu meiner Frau sage ich das öfter über sie und ihre Mutter.

Paulus war herausgerufen in die Verantwortung, wie er bald merkte, für die halbe Welt, um es vorsichtig zu sagen. Das war sein Leiden, seine Überforderung.

„Die heutige Jugend will das Große“ hat Papst Benedikt XVI zum Kölner Weltjugendtag gesagt. Das Große im Fragment.

Mit den besten Wünschen und einem herzlichen Gedenken

Ihr K. B.

Was ich selbst liebe

Mein Herz gehört Jesus Christus, meinem Herrn, den ich in den romanischen und gotischen Kruzifixen meiner Heimatstadt und in der gotischen Pietà meiner Pfarrkirche vor mir sehe. Mein Herz gehört dem, den ich in der Eucharistie anbete, und deshalb steht ein gotischer Kelch auf meinem Schreibtisch. Mein Herz gehört dem, mit dem ich reden kann, der am Kreuz hängt.

Ist diese Liebe eine, die Ehe ausschließt? Sie hatte das Potenzial; dieses wurde torpediert durch eigene Unreife und durch Kirchenmänner, die nicht nur nicht vorbildlich waren, sondern alles andere kultivierten. Es wurde selbst ein Kreuz daraus. – Was keine Selbst-Entschuldigung ist, sondern eher ein Hinweis darauf, dass Leute, die Macht haben in der Kirche, diese tunlichst schonend gebrauchen sollten.

Die Lösung

Das Problem ist nicht moralisch zu lösen, sondern nur über „Identität“. Nicht über das, was ich eigentlich sollte und doch nie so recht erreiche. Ich kann nur ausgehen von dem, was ich bin, von dem, was mich geprägt hat. Und von der Sehnsucht, die, da ich Paulus-Fan bin, der des Paulus ähnelt.

VIII. Nachahmung mit Risiko

Nachahmung Jesu

Der geistlich ehelos Lebende ahmt Jesus auf eine punktgenaue Weise nach. Dass es so etwas von allem Anfang an gab, erkennen wir an Jesu Eunuchenwort (Mt 19,12 „um des Himmelreiches willen"), an 1 Kor 7 und den Belegen aus der Didache, den Briefen des Ignatius und dem 1. Clemensbrief (siehe unten).

Wir fragen hier nach dem Sinn dieser wortwörtlichen, buchstäblichen Nachahmung und stoßen dabei auf eine besondere, kaum beachtete Art der Verkündigung, die auch in sehr wichtigen anderen Bereichen gilt. Es ist die Fortsetzung der Verkündigung Jesu nicht oder nicht primär durch Ausrichten der Botschaft, sondern durch „Inszenierung" seiner Person. Wir kennen das von den Berufsleiden des Apostels, der sagen kann, er trage die Leiden Christi an seinem Leib (2 Kor 4). So führt der Apostel *„in persona"* (in seinem Geschick und Auftreten) Jesus vor Augen. Und wir kennen das auch von der Eucharistiefeier, bei der das Abendmahl Jesu re-inszeniert wird und der Vorsteher der Mahlfeier die Rolle Jesu wahrnimmt; er sagt die Konsekrationsworte, die Jesus einst gesprochen.

Weder der Zölibat von Jesusjüngern noch die Leiden des Paulus noch die Eucharistiefeier sind dabei leeres Theater. In allen drei Fällen geht es um randvoll mit Realität gefüllte Zeichen. Diese lebenden Bilder haben Anteil an der Realität, die sie darstellen. Ähnlich wie die frühen Zisterzienser in ihren Kirchen keine Bilder außer den lebenden Menschen erlaubten (abgesehen von Mariendarstellungen).

Wer Jesu Zölibat nachahmt, tut das, um an Jesus zu erinnern. Er stellt Jesus dar als den Bräutigam, der auf Braut und Hochzeit wartet. Dieser Bräutigam im Wartestand ist das neue Element, das Jesus zum traditionellen Bild der Ehe Gottes mit seinem Volk hinzufügt.

Wer Jesu Zölibat nachahmt, stellt Jesu Botschaft vom Reich im Gegenüber von Messias und neuem Gottesvolk, also von Christus und Kirche dar.

Was nicht gemeint ist: Die Nachahmer Jesu wollen nicht das Bräutigam-Sein Jesu vervielfältigen. Sie sind nicht selber Bräutigam im Plural, sondern Darsteller der Rolle Jesu vor Ort oder, wie Paulus es sagt, wie selbstlose Brautführer.

Das Risiko

Sadismus, Missbrauch und Vergewaltigung von Kindern, die man der Kirche anvertraut hatte, sind regelmäßige Begleiterscheinungen des Zölibats (gewesen). Dazu kommt noch der massenhafte Bruch des Zölibatsversprechens durch „nur gewöhnliche

Übertretungen". Gemeinsam ist allen diesen Fehltritten oder sogar Verbrechen die Verlogenheit. Die Schreie misshandelter oder missbrauchter Kinder mischen sich oft mit Blut, Gewalt und anderen Straftaten. – Nichts davon ist zu verschweigen, nichts zu vertuschen. Die Täter sollten sich entschuldigen und Wiedergutmachung leisten, sofern das überhaupt möglich ist. Zuzugeben ist auch: Manche wurden zölibatär, weil bei ihnen „etwas nicht stimmt".

Doch in der Berichterstattung der Medien fehlt regelmäßig „die andere Seite" der Medaille. Damit meine ich nicht Begütigung oder gar Entschuldigung der Unentschuldbaren, sondern eher das Gegenteil. Denn genau das, was bei diesen Verbrechen geschieht, ist das Abgründige, das Teuflische, die Verlogenheit schlechthin. Denn wo das Heilige ist, dort ist auch das Verbrechen, die Versuchung zum Verbrechen, die Versuchung zum Teuflischen ganz nahe. Aber wenn die Menschen über das Heilige nichts wissen, können sie auch die Abgründigkeit des Verbrechens nur moralisch oder psychologisch „ermäßigen". Jesus hat nach seiner Taufe im Jordan vierzig Tage lang mit dem Teufel zu tun, den heiligen Petrus kann er „Satan" nennen, große Heilige wie der Mönchsvater Antonius werden auf abscheuliche Weise versucht, und so erging es auch dem hl. Johannes Maria Vianney, dem Pfarrer von Ars. Der berühmteste Beichtvater Frankreichs wurde in einer fast physischen Massivität vom Teufel bedrängt. Und in der Offenbarung des Johannes ist der schöne Schein der Verlogenheit, die Verwechselbarkeit mit dem Heiligen das Grundmotiv.

– Nun pflegen die Menschen nicht „an den Teufel“ zu glauben. Aber bei aller intellektuellen Selbstbeschränkung wissen doch viele, dass der Verlogenheit die Wahrhaftigkeit, der Heiligkeit das Teuflische, dem Verbrechen die Sühne entgegengesetzt sind. So ist die Rede vom Teuflischen eher ein Erkenntnisgewinn, wie es Georges Bernanos formuliert hat: „Die Welt ist keine gut zusammengebaute Maschine. Wir sind Gottes letzter Wall gegen den Satan. In uns versucht der Teufel mit seinem Hass Gott zu erreichen. Wir haben ihn immer an unseren Fersen kleben, den gräulichen, vor Gelächter berstenden Begleiter. Man muss die Gesichter sehen. Ich meine nicht die Sterbenden, sondern die Elenden, die lügen. Es gibt etwas zwischen Gott und dem Menschen, und zwar keine Nebenperson, es gibt dies düstere, unvergleichlich verschlagene, hartnäckige Wesen, für das kein Bild ausreicht, es sei denn der grässliche Hohn und ein grausames Frohlocken.“

Wo das Heilige ist – und schon Paulus nennt Zölibatäre heilig – wird das Teuflische geradezu provoziert. Und das entschuldigt niemanden, es ist nur ein Hinweis auf die vor-moralischen Abgründe. Es hilft da nur und allerdings das inständige Gebet (Wer betet, sündigt nicht) und der Trost durch die reale Gegenwart Gottes in der Eucharistie.

Die Lösung

„Die Kirche als Braut Christi will in derselben totalen und exklusiven Weise geliebt werden, mit der Jesus Christus sie geliebt hat“ (Claudio Kardinal Hummes, Schreiben an die Bischöfe der katholischen Kirche vom 18. April 2009).

Bei Karl Rahner fand ich zum Zölibat folgende Zeilen: „Sind nicht alle wirklich großen Dinge selten, immer die noch unerfüllte Aufgabe? Ist es in der Ehe anders? Müssen wir nicht... einen in der Kraft der Entscheidung aus Gnade geglückten Zölibat mit einer geglückten Ehe vergleichen und eine alltäglich gewordene Ehe, die in eintöniger Öde versandet, mit dem Zölibat, wie er nur zu oft gelebt wird? Woher weiß einer so ganz sicher, dass ein Priester in der Ehe mehr an Menschlichkeit fertig brächte, wenn er in seinem Zölibat versagt? – Wie mir das ständige Geschrei nach ‚Glück‘ zuwider ist. Dieses Selbstbemitleiden, die kurzsichtige Meinung, es gäbe hier in dieser Welt ein anderes ‚Glück‘ als innerhalb der gelassenen Geduld darüber, dass jede Symphonie unvollendet bleibt! Auch und gerade die ‚glückliche‘ Ehe ruht auf den gegenseitig verschwiegenen Fundamenten der Einsamkeit und des Verzichtes. Wer seinen Zölibat zur Tat der selbstlosen Liebe macht – und das ist in Gottes erlösender Gnade möglich -, der ist ebenso glücklich, wie man es in der Ehe sein kann, der findet jene „vollkommene Freude“, die der hat, der gelassen zu weinen versteht (Karl Rahner, Sämtliche Werke, Freiburg-Basel-Wien 2010: Band 20,113f).